# 有礼达理

## 人文素质的涵养

释证严 著

静思法脉丛书

## 事理圆融

学佛最重要的是"事理圆融"
——众生或迷执于理相或偏执于事相,
无法事理兼顾,因此产生烦恼。
觉悟世间的事与理,明晓道理并能圆满事情,
如此事理无碍,方是学佛目标。

修行须从"佛典中生信心,从人事中用心";
依循佛经义理待人处世,
并从做人做事中体证道理,
此即"以理启事,借事会理"。
佛法真理并非深藏于山林古寺或封锁在藏经阁里,

佛教的真精神是要走入人群去付出，
落实在生活中，推动于家庭、社会上。

唯有走入人群行济世志业，
从中看尽世间万般事相，从中觉悟微妙真实佛法，
世间法与出世间法融合，人事与义理相契；
器量宽宏、广结善缘、事理并行、福慧双修，
本具的净因灵性境界现前，
自然时时处处圆融无碍。

——证严上人

## 上证下严上人

证严上人以其悲天悯人之宗教家胸怀，服膺上印下顺导师"为佛教、为众生"之慈示，秉持"佛法生活化,菩萨人间化"之理念，在"内修诚正信实，外行慈悲喜舍"精神贯彻下，渐次开展"慈善、医疗、教育、人文"以及"国际赈灾、骨髓捐赠、环保、社区志工"之"四大志业、八大法印"。事理相融、

以浅喻深,畅佛本怀,善导大众心存菩萨大爱,落实佛法于生活中,带动付出无求同时感恩之风气,达到"净化人心、祥和社会、天下无灾难"之人间净土目标。

## 静思法脉丛书

"静思法脉丛书"是将证严上人开示法语依佛教经典、静思语录、衲履足迹、上人全书、人文专题、随缘开示、思想论述等八大书系结集成书。从计划性、系统性搜集资料、修润文稿以迄于汇整付梓,工程可谓浩大,影响自是深远,诚然是任重道远之笔耕弘法慧业。故有心有缘于此致力世界和平之理想者,

不可以不弘毅,立愿以淡泊明志之心,悠游法海;立志以宁静致远之心,潜心留史,全体合和互协荷担使命,圆满个己之修心道业,完成天下之长治久安。

卷首序言

## 以礼自律，回归清净

　　宇宙浩瀚无涯，遥无边际；星斗恒河沙数，难以测量。天体运行周而复始，日月星辰各就其位，在轨道上规律运转，彼此无碍，呈现空寂和谐的境界。

　　大自然有运行的法则，蕴含不变的道理；春、夏、秋、冬四季，循环有序，节气依时而至，才能风调雨顺。天地长养万物，顺乎自然、应于天理，万物并育不相害，并生共存而为美，一切圆满。

　　地球上的万物是"生命共同体"的关系，以自然法则而言，地是平的、山是高的、海是低的，生命在此间安稳度日；一旦天地变色，万物所依恃生存的环境发生异常，生命也就岌岌可危。

天有天理，人也有人道，古云："顺天者昌，逆天者亡。"天理、人理与事理都是相通的，人心能合于伦理道德，就是回归自然法则；人人如此，则必然感得居地吉祥。

所以生而为人应"教之以礼，育之以德"。"礼者，理也；合礼，则合理也。""礼"，是做人根本的道理，守礼节的人能遵守常轨，自爱自重，通达道理；通达道理的人，内心有伦理道德，自然会以礼仪作为节制言行的准则，以道德观念来引领人生的方向。

而"德者，得也。""德"也是"得"，如果受教育而未涵养礼，则失礼亦失理，道德感薄弱；一个没有道德观念的人，即无所"得"，行为趋于幼稚，智慧难以增长。

从一个人的生活规矩，可见其内心是否端正。"诚于内，行于外"，内心有道理，外形才会有礼的表态。如有人穿着整齐，表示具有对己、对人的恭敬心。因为自爱，懂得衣着合于礼貌；尊敬他人，待人有礼，正是心中有道理存在。

"礼之用，和为贵"，透过礼的力行与实践，与人相处和气有礼，将内心的修养展现于外，语默动静、行住坐卧有威仪，渐渐正己修心，回归于清净的本性。

知礼能识理，有礼才有理，无礼就无理，没有道理也就没有礼节。所以教育要注重礼节，若生活散漫，居处杂乱，服仪邋遢，如此随性、草率，如何受人信任、敬重？真正"爱的教育"并非一味宠溺，若孩子是非不明，善恶不分，任性而为，不受管教，放任到最后反而害了他。教育的使命，在于使之"像个人"，也就是传承生活规矩。

中华民族古来即有重礼、守礼的传统，历朝历代建国亦称"礼仪之邦"。礼仪，规范个人的行为，维护社会的秩序。日常之衣食住行，乃至于人与人交往，皆有可遵循之规矩法度，显示泱泱大国的风范。

人文所表达的是一种美，落实在日常生活中，流露文质彬彬的气质。人文素质的学习与涵养，不只有外在的知识修学，内心也要修养；内心所修养的就是"德"，欲养德，就要自爱；自爱就从生活中展现。

如服装仪容注重整齐、言语辞令讲究优雅、待人处世能知进退；起心动念及举手投足皆收摄于"以礼自律"的理念，乃至居家环境能维持整齐清洁，生活有礼又合情合理。

　　有礼有德者如大树，长年青翠；无礼无德者如花朵，即使能美丽一时，很快就凋谢衰败了。有礼之人，具有真挚深厚的道德修养，让人愿意欢喜亲近与尊重；而入群面对众人，须得人心才能行度化。所以，有志于菩萨道者，更要修德修身、依理行礼。

　　人间的平安，有赖大小乾坤的调和。人心浊乱，气候如何能不乱？气候一乱，天下哪得平安？唯有地、水、火、风四大调和，季节轮替有序，大地万物方得以相生相成、欣欣向荣、生生不息。

欲调和天地、万物、气候，源头在于心。

　　期待人人学习"礼"，从心开始，在个己的生活规矩中、在人际的来往互动中，好好训练自己的礼仪。人人通过礼节的学习，提升自我品格，厚养和善的性情，从家庭及于社会，让天下充满有礼有德的淳厚之风！

释证严

目录

## 卷一　自然法则　礼者理也

**第一章　天理常轨**　　　　　　　　　022
- 敬天爱地・天地人和
- 克己复礼・止于至善

**第二章　秩序调和**　　　　　　　　　036
- 调伏己心・和谐人生
- 行六和敬・祥气盈门

## 卷二 持戒摄心 如礼如仪

**第三章　规矩方圆**　　　　　　　　　　048
- 戒行清净・圆满人格
- 防非止恶・洁身自爱
- 慈济十戒・应时制定
- 养德于内・行礼于外
- 诚敬致礼・表里合一

**第四章　文质彬彬**　　　　　　　　　　082
- 行住坐卧・具足威仪
- 服仪端庄・品格高贵

- 端碗举箸・生活艺术
- 感恩受食・精进道业
- 饮食有节・茹素护生
- 办公居家・殷勤拂拭
- 茶道花道・人文之美

## 卷三　人伦章法　有礼有节

### 第五章　入群处众　114
- 家庭伦常・父慈子孝
- 安分守己・长幼有序

・立身处世・正直做人
・善念循环・共聚福缘

第六章　**典章制度**　　　　　　136
・戒为制度・爱为管理
・合法如法・顺理成章
・三千世界・琉璃同心
・志工组队・四法四门
・合和互协・菩萨招生
・培养人才・法脉永续

## 卷四　风俗习尚　礼仪天下

**第七章　礼俗淳良**　162
- 新年心年·劝善造福
- 天清景明·追思感恩
- 端午素粽·人情馨香
- 中秋团圆·心月清圆
- 成年之礼·誓愿宏深
- 婚宴从简·善行为重
- 人生最后·心安灵安
- 祭祀尽礼·普度众生
- 礼佛浴佛·开启佛性

## 第八章　民德归厚

- 教之以礼·育之以德
- 生活教育·自幼扎根
- 古礼传承·典范流芳
- 童蒙之学·始于礼义
- 为人引航·回归正道
- 精进培训·雕塑菩萨
- 有礼有爱·心富人生

摄影/李白士

# 卷一
## 自然法则
## 礼者理也

# 第一章　天理常轨

星体运行，各有轨道定律，
天有天理，人也有伦理；
礼即理，合礼则合理，
星球顺天理而行，则运转无碍；
人人依伦理而行，则天下平安。

摄影/蔡中钦

数年前,时任台湾"中央大学"校长的蒋教授,与天文所叶教授、鹿林天文台林台长和诸位学者,带着一块刻有太阳系轨道的铭板来到静思精舍,上头标示着一颗新发现的小行星——"慈济"。

据这些学者们说,台湾鹿林天文台在二〇〇七年新发现了这颗小行星,且经过国际天文学联合会认定;为了肯定慈济在全球的付出,于是将小行星正式命名为"慈济"。我对天文学一向有兴趣,便问:"这颗小行星位于哪里?"原来这颗星位于火星与木星之间,距离地球三到四亿公里,实在很遥远。

又问:"太阳系里有多少颗星球?宇宙间有多少个如太阳系般的星系?""就像师父您所说的,不可思议、恒河沙数、无量数,至今仍无法算出多少。"宇宙自无始以来即存在,无边无际;遍布其中的星系和星球，确实无穷无尽，难以言说。

平时我们抬头仰望天空，天晴时所见星星、月亮、太阳，习以为常，好像没什么特别的；其实，天体无时无刻不在变化中，经历"成、住、坏、空"四相循环。星球运行，各有轨道定律；其中的道理非常微细，难以察觉。地球正是以此规律，在宇宙中安稳运行，使我们感受到寒来暑往，季节递嬗，与万物共生息。

虚空中的星球不论自转，或是绕恒星公转，加上各自的卫星绕行，倘若运转的方向、轨迹、速度稍有偏差，就可能相互碰撞，彼此毁伤。同理，假使人们内心因妄念而迷失本性，偏离正道，造作恶业，即会对世间造成伤害。

## 敬天爱地·天地人和

人类往往以"人定胜天""发展商机"为借口，扰乱生态，滥垦滥伐，导致温室效应加剧，全球极端气候日益频繁。许多地方久为干旱所苦，却在一场大雨过后满目疮痍。看着电视新闻播出天灾的画面，担忧灾情之外，也会想到大自然的生态已经失衡。

例如台湾为了推动观光，山区饭店愈盖愈多，游览车往返经过，对山体造成很大的伤害。因为没有事先做好水土保持，来袭的台风更容易引发泥石流而酿灾。又如江苏太湖，周遭居民向来依靠湖水维生，农田也以湖水灌溉；但随着经济发展，农业上大量使用农药、杀虫剂，加上工厂排放废气污水，使蓝藻不断繁殖，布满湖面。由于蓝藻带有毒素，湖水被污染，再也无法利用。

人类非常渺小，偏偏对天地造成很大的影响。人心不调，偏离正道，为了贪婪取利，破坏山河大地；或是国与国之间你争我夺，甚至不择手段地使用核武器、化学武器，罔顾世间遍体鳞伤，许多难民因天灾人祸而饥饿贫困，苦不堪言。

其实地球已发出警讯，无论是温室效应增加、空气污染、气候暖化导致极圈冰川融化，或是风灾、水患、泥石流……面对惊世的灾难，要有警世的觉悟，须知空气流动没有国界，江河溪海和地下水也是水脉相通，无论何处遭受污染，都是共同造业，同受苦果。水资源与粮食资源因污染而匮乏，更会加剧国与国之间相互对峙、冲突。

人类自诩为万物之灵，但有时应看看其他动物的行为，反思己身。

雁鸟每逢寒冬,就会成群结队飞往千里之外的南方避寒、繁殖;冬去春来,又带着新生代回到凉爽的北方。这种随着气候择居的智慧代代相传,母鸟带着幼鸟迁徙,幼鸟成熟后依循上一代飞行的路线南来北往,在广阔的天空迁徙,无须标记却不会迷航,这就是"道"。人生也有一条正道,若不肯依循,反而迷失在茫茫人海,就真的太可惜了。

综观历史,常见上一代想传承道理,但年轻一辈随着一时的潮流、风气而思变、抗议:"以前是以前,现在是现在,时代不一样了!"一味认为过去的一切不合时宜,拒绝长辈所分享的为人处世之道。

以前人常说:"人若不照天理,天就不按甲子。"我们的祖先特别重视顺应大自然的道理。传统的农历五年二闰,配合一年之中何时干旱、何时降雨,设置二十四节气，循序耕耘；农人挑选谷种，以水浸润，培育胚芽成为秧苗，方能移秧栽种；而田畦亦要先用犁刀翻土整平，配合适宜的气候，让土壤具有充足的水分、空气，才能布秧，使作物随着季节自然成长收成。

古人敬天，从生命经验中体认天理蕴含的道德。大自然的道理虽然无形，也难以说明透彻，但是用心观察世间万象，就可以细细体会。现在，面对人心失序，许多人困惑"为何心态不佳""为何造作恶业""为何习气难改"。我们应该好好把握无形之"理"，表现应有的"礼"仪，让更多人见闻感受，愿意依"理"行"礼"，安定身心。

所以，慈济力倡"敬天爱地聚福缘，克己复礼致祥和"，正是希望大家重拾先人的智慧，按照伦理而行。尊重自然，是"敬天"；惜福爱物、节省资源，是"爱地"；"克己"是降低享乐与消费的欲望，克勤、克俭；"复礼"则守规、守戒、守礼节。敬天爱地、凡事感恩，人生合于常轨，则生活有序。

现在正是需要呼吁人们节制欲念的时刻。若要改变现况，不能轻忽每一个人。或许有人认为"不差我一个人""那是别人的事，和我没有关系"，但是，你做一点点，我做一点点，他也做一点点，众人汇聚就是一股很大的力量。假如每一个人都能克己复礼，养成勤俭生活的习惯，相信能渐渐恢复平安的人间、清新的大地。

## 克己复礼·止于至善

从前，有一位女士向往佛教，时常听闻法师讲经。在她准备结婚时,想到佛陀教育我们要有平等心、平常心,于是要求婚礼必须"平等"——广邀孤老无依、贫穷度日的人们参加婚宴,奉为上宾;而社会贤达,则置于角落的座位。她的家人见她坚持,只有勉强答应。

这位女士以为这是平常心的展现,定会得到赞叹、夸奖,便急着说给师父听。没想到师父只是静静听着,待她进一步追问,才说:"生活在人群中,为人处世必须合时、合事、合理。你这样做,第一让父母为难;第二有辱这群社会贤达;第三会使孤老贫穷的人因坐上位而不自在。虽然邀请他们是平常心,但是这种做法于人、时、事都不合宜,反而有违平常心。"

常常抱持"自以为是"的想法,容易陷入迷惘。

我们不应偏执，为人处事应合情合理、因时因地制宜，行于中道；合于礼节，自然能"就有道而正焉"——放宽心胸，亲近道理而调整思想、行为的偏差。

"礼者，理也；合礼，则合理也。"礼，也就是做人根本的道理；礼若失，理就失。古云："有礼则安，无礼则危。"社会发生争执冲突，乃至动荡，大多从人们轻忽"礼"的重要。言行无礼、举止粗鲁、互相看不顺眼开始，进而造成激烈的对立。所以，人与人之间以礼相待，是不可或缺的环节。

有一次，数百位慈青（"慈济大专青年"简称）回到静思精舍精进，最后一日圆缘时，我问他们："你们生在这样的时代，是幸，或是不幸呢？"大家面面相觑，不发一语，于是我继续为他们分析：现在台湾的年轻人，有幸的是几乎人人可以读大学，生活无忧无虑；不幸的是"低头族"无所不在，处于虚拟的"网络世界"，虽然可以快速搜集各种信息，但是与人面对面的接触、互动变少，失去学习行礼如仪的机会。

曾读到一则报道：有个大学生和老人家在公交车上为了争座互相对骂。双方你一言我一语，都不友善；最后，老人说："你很没有教养！"年轻人恼羞成怒，竟动手打人，让人相当感叹。

表达礼貌其实并不困难，例如微笑，就是其中一种方式。人们互动犹如照镜——你笑，我就笑；你对我表达善意，我自然也对你展现善意。"礼"虽然是抽象的概念，但是可以通过礼仪展现"礼"的具象；美好的礼仪形象，出于内心的真诚，表现在举手投足间，无论独处于室还是置身公众场合，都能进退得宜,随方就圆。

某年全省技专院校评鉴,评鉴委员在前往花莲的火车上放置行李时,因重心不稳,行李差点儿从架上翻落。两位年轻人见状立即上前帮忙,并彬彬有礼地协助放妥。

看他们衣着整齐、言行有礼,评鉴委员便问:"年轻人,你们到花莲做什么?"他们回答:"我们在花莲读书。""是哪所学校的学生?""我们是慈济技术学院(现为慈济科技大学)的学生。"

评鉴委员到了学校,见校园环境整洁清净,师生之间以礼互动,感受到一分人文气质。那年评鉴学校获得了很好的成绩,也许早在火车上,评鉴委员就默默地在心中对它有了好印象。

假如人情太冷漠，冷漠的心态就会像冰山，阻碍人们本有的热情与大爱。与人接触，如能多一分礼貌，打一声招呼，让对方感受到一分"礼之美"，即能化解一分冷漠；提起热情，将礼的精神带到每户人家，让邻里之间回归旧时的亲切淳朴并不难。

　　慈济不断推动克己复礼，希望使民德归厚，里仁为美，再现礼仪社会。《礼记·大学》云："大学之道，在明明德，在亲民，在止于至善。"让我们从"诚意"、"正心"、"修身"、"齐家"一步步做起，落实克己复礼；人人"明明德"，也明白大自然有大自然的道理，人间有人伦的道理，顺于天地自然之道，安于人伦道德次序，终能"止于至善"。

# 第二章　秩序调和

大地林木，枝干无论横直，
彼此调和无碍，共为一体，
呈现空寂和谐境界。
天地万物是生命共同体，
在秩序中、在规律中，
互动调和，生生不息。

摄影/林敬顺

静思精舍周遭有一片树林，枝干繁茂，相连难分；放眼望去，难以辨别这些枝干到底是直是横。单看一棵树，可能认为树干是直、枝丫是横，但深入观察地下的树根又是纵横交错；但无论是直是横，遍布大地的树木、绿草和花朵彼此调和无碍，共为一体，呈现本来空寂和谐的境界。

"礼之用，和为贵。先王之道，斯为美。"和谐，给人的感觉很舒适，也很美好。但是放眼天下，全球灾难不断，"地、水、火、风"四大不调，起源于人类的不调和——人们自身乱了秩序，使身心失调，特别是心灵生病，造作恶业，酿致天灾人祸。所以，大环境能否调顺，端看人人的心与行。

## 调伏己心·和谐人生

世间和谐，需从人人调伏己心做起。在日常生活中，我们每天面对形形色色的人、事、物，难免会听到不合意的声音、会看到不投缘的脸色，有多少人能做到心平气和？

有人自认"可以一整天都不发脾气"，如能再进一步，时时心平气和会更好；而要长年累月维持内心平静，需做到"戒慎谦恭，克己有礼，守规如仪"。

戒慎谦恭，是守好规矩，在日常生活中谨慎地待人接物；反之，若生活举止动辄逾矩，即是无法"克己"——克服内心习气。克服内心习气，自然易于外行"有礼"；入群处众能克己有礼，则利人利己。

调伏习气,身态谦恭柔和,礼节就在其中。如同对人说话,轻柔地说,让人听来感觉温暖亲切;语气强悍,让人听来多半不会顺耳。将心比心,我们听他人说话时,往往因为对方措辞、声调婉转,心生欢喜,愿意接受;若听到强硬的口吻,即使明知道理如此,也可能心生抗拒。我们的种种言行举止,无不如此,所以"守规如仪",美好的形态能让人生起信心、恭敬心与欢喜心,相处也会更融洽。

从心平气和,到克己有礼、守规如仪,虽然听来平常,却是待人接物不可或缺的,需要大家身体力行,落实在日常生活中。

## 行六和敬·祥气盈门

我常提起"和敬","和敬"的内涵是"外同他善谓之和,内自谦卑谓之敬"——身处团体之中,对外要主动与人配合,并非只顾自己,要求他人;对内则需放下身段,才有办法待人恭敬。

六和敬是佛陀对出家弟子所设的教法,其中包含与人和睦相处的智慧,人人适用。六和敬分别是:身和同住、口和无诤、意和同悦、戒和同修、见和同解、利和同均。

"身和同住",指同处于一个团体,行为举止应与人和齐。团体的"合心"别人看不到,唯能在行动中展现彼此"和气"。若举手投足与人不和,做事也与人不和,又如何能"同住"呢?

"口和无诤",提醒我们切莫顺着"想说就说"的习气,随意发言。十恶业中,口业就占了恶口、妄语、两舌、绮语四项，所以开口动舌能不谨慎吗？团体中，有事讲清楚、说明白，事后不与人论是非，时时用心才能避免无谓的争执。

"意和同悦"是人们志向相同，一起努力，彼此勉励赞叹的喜悦。例如，二〇一四年，海地因为大雨酿致洪患，美国慈济人走入灾情严重的海地角蓝之丘社区，却因语言不通、文化不同，救灾并不容易。所幸海地角有天主教圣恩修女会的支会，曾与慈济在太子港合作援建学校的修女们，愿意跨宗教合作，诚挚相助。

圣恩修女会也引见了几位当地的神父协助赈灾。其中，有位巴隆神父说，上帝要他当一个穷人，好为穷人服务。他的说法实在令我震撼，也深深感受到这就是宗教家的使命。神父依上帝的安排，甘愿守护在经常淹水的苦难地方,为穷人付出,不正如发心立愿、倒驾慈航的人间菩萨吗？感恩这群人间菩萨的支持,使物资发放与以工代赈得以圆满。

宗教之间彼此尊重,更可以协力付出。因为宗教共同的方向无他,就是去除小我、完成大我,开阔心胸、成就大爱。常见天主教徒、基督教徒或穆斯林帮助慈济赈灾,慈济人也跟着他们访贫慰苦,随喜彼此的善心善行,这就是意和同悦。

在一些经典中,"身和同住、口和无诤",又作"身慈和敬、口慈和敬"。口"慈"则言语温和,当说话时才说话,减少与人在言谈中摩擦的机会；身"慈"则不会得理不饶人,与人来往处处谦让、理直气和。内心若缺少慈悲,口出恶言,身造恶业,无人愿意接近,难以与人共事。

如何能达到"慈"？慈是"予乐"，是"心包太虚，量周沙界"的广大心怀，尽己所能、尽一切时间去爱，爱所有的人、事、物。慈悲大爱是和睦的润滑剂，让人际关系就像车轮上了润滑油，运转无碍。

团体生活若有人无法顾全"身、口、意"，不遵守团体的规矩，必然会产生混乱。所以需要"戒和同修"，令众人心无恶念、口无争论、身不行恶。人人守规戒、守礼节，还要进一步"见和同解""利和同均"。

"见和同解"是众人观念一致。团体要推行事务，应共同讨论如何做才正确；对的事情，则大家一起做，不执着于个人意见。每个人都有"我"，意见繁杂，诸事难以成就；唯有达成共识，团体才能真正和气。

曾有位慈诚队师兄说:"师父,我发觉自己可能太有原则了,让人不太满意。"我说:"不是太有原则,是太尖锐了。"

我们学佛,是学事理圆融,让做人、做事都令人赞叹,做个懂理、懂事的人。每个人都要有原则,我志于"为佛教,为众生"发展慈善、医疗、教育、人文四大志业,也是坚持原则数十年如一日。但是坚持原则也要圆融,有时做事像跳恰恰舞,你进我退,才能海阔天空。原则依然在,方向没有偏,只是在与人沟通太过激烈、起争执时,稍退一步。这些简单的道理如果能在日常生活中运用,一定很有效果。

"利和同均"则是团体中人人共同付出,利益共同享有。我曾向静思精舍的修行者说,一家人不要太计较你的、我的,应齐心协力完成各种工作,同做同修。整个慈济大家庭中,有许多居士只要有空儿即投入志业,以欢喜心奉献己力。

例如,大林慈济医院在启用前,地面、景观尚未整理,于是整个台湾地区数千位慈诚、委员投入帮忙。他们铺设连锁砖,铺一块,就念一声"阿弥陀佛";接着一块,又一声"阿弥陀佛",七十多万块连锁砖,是块块砖,块块祝福。

之后,当我走在那片连锁砖上,就想起这一大片地,每块砖都要毫厘不差地连接。倘若有一块不合,整体就不平了。铺砖的人,虽然是你铺你的,我铺我的,但也是你接起我的,我接起你的,紧密结合。这么多师兄师姊的心,就像连锁砖一样块块相连,那么和齐。

不论是在丛林中的修行者，或者是在家的居士，若能将"六和敬"的六种方法从自己做起，主动与人和、待人敬，个人安然自在，团体也能呈现出和谐之美。人人彼此敬重，相处和谐，无形中营造一股祥和之气，这也是造就幸福社会的力量。

# 卷二
# 持戒摄心
# 如礼如仪

# 第三章　规矩方圆

道理本是无形无体的"真空",
通过礼仪的"妙有"表达,
才能让人见闻感受。
礼失则理失,无礼就无道理;
持戒于心,待人接物有礼数,
如规如矩,就不会脱轨犯错。

摄影/林玉珍

有一年，慈济大爱幼儿园的孩子回到静思精舍巡礼，跟随常住师父体验出坡生活，学习如何耕种、整理环境，体会生活的道理。

常住领着孩子前往柴房，了解精舍的木柴从何而来，也分享劈柴的智慧。柴薪并非随意劈砍，能放进灶里烧就好，而是要锯成尺寸刚好的"寸柴"；既方便堆叠整齐，又容易燃烧，分寸一定要拿捏得恰恰好。锯柴、叠柴中即蕴含人生规矩、人文之美。

以木柴为燃料在灶中生火时，因为灶门小、内炉大，柴薪横放进不了灶，必须得直放，因而产生一句俗谚"横柴入灶"，形容有人明知理亏，却还计较、争执，横行霸道。若是做人如此，则少了一份感恩心，也少了一份"戒"的观念。

## 戒行清净·圆满人格

戒是规矩，是标明言行的界线，能"防非止恶"，防止未犯的错误发生，使已犯的错误及时停止，一如现在的计算机搭起防火墙，便不会轻易地让黑客入侵。持戒有如穿戴慧命的盔甲，我们若没有戒的保护，容易沉溺于感官享受而难以满足，也会因而心生瞋恚，甚至犯下杀、盗、淫的恶行。好好持戒，即能常保内心宁静，思虑清晰。

多年前，有次我前往慈济大学，医学院附近正在施工铺路，用一条铁链围着。我们一群人要经过彼处，有位同仁见状赶紧将铁链放下，说："师父，已经很低了，可以过了。"但我仍站在原地。

我对他们说："如果已经完工，链子便会收起来，自然可以通过；有链子在，表示不能通行，即使再低也不能过去。"多数人没有严谨持戒的观念，一看链子降低，便一脚跨越过去，其实界线仍在；即使只是条绳子做封锁线，也应视若围墙而不逾矩。

凡夫的心起伏不定，一切错误都是从心念开始，所以大家要"戒慎虔诚"，以戒调整自己，做到诚正信实，圆满人格。

以戒律己，净心寡欲，涵养礼节品德，举止合乎规矩，就不容易犯错；人人如此，社会自然祥和。构建具有人伦道德的祥和社会，不正是我们所追求的吗？所以戒是人伦之本。

佛教徒无论在家、出家，都必定要持戒。佛陀为何要制戒？因为佛陀觉悟之后，为了让众生体悟本具的清净佛性，用四十多年的时间应机说法。但是这段时间内，僧团中有人举止失宜，障碍修行，为了让僧团规律生活，使佛法传承于后世，佛陀便制定了戒律。此后，历代祖师大德再增加戒律，发展到比丘二百五十戒、比丘尼五百戒。为何会有这么多条戒？无不是为了调伏人的习气。

佛陀度众，并非"点石成金"般速成，而是如淘洗沙金般，将凡夫的习气经由一再筛洗，逐渐显现本具佛性。修习"戒、定、慧"，是以戒护心，心定于正确的方向，智慧因此而生。

## 防非止恶·洁身自爱

佛陀为人们制定"杀、盗、淫、妄、酒"基本五戒。五戒之首是"不杀生"。生命宝贵，无论杀人或自杀，都是犯了杀戒。其实"蠢动含灵皆有佛性",并非杀人才有罪,我们应珍惜所有的生命。

或许有人会说:"守杀戒不难。我平时很有爱心,不会杀生。"不过若未茹素,贪求荤食的口欲,因为填不满"鼻下横",不知吞食过多少众生肉,还是间接犯过杀业。曾听闻屠夫杀猪时,对着猪喃喃自语:"不是我要杀你,你若要讨命,去找吃你的人!"因为人们爱吃,才会有屠宰业者供应肉食,所以,食肉也是杀生,只是直接或间接的区别罢了。

曾有位同学向静思精舍的常住师父表示:自己也想茹素,但有时仍忍不住想吃荤。于是师父分享了一个办法:"当你想吃肉时,先伸出自己的手指用力咬咬看,痛不痛?再设身处地想想,动物一样会痛。"

动物并非生下来就要供给人吃，是受因果业报才投生畜生道，今生命终，或许下辈子投胎为人；而我们累犯恶业，将来轮回至畜生道，有可能成为人类的盘中餐，如此冤冤相报何时了？不如茹素守戒，培养爱心，中断恶的循环，止杀业、造善果。

第二戒是"不偷盗"。对于非己之物，不应想要占为己有。对他人之物起贪念，小则偷窃，大则强盗，若是偷盗不成，还可能杀人抢夺。如此大错，应该慎防。

不犯偷盗戒，并非只是不当小偷。如做生意明明利润已经足够，却还降低品质、抬高售价，赚取不义之财，也是"盗"。

佛陀教导我们约束己心，若要断绝"偷盗"的念头,平时就不该有浪费、奢侈的行为。若能如此,自然不易受外境引诱而起非分之想。

第三戒是"不邪淫"。已婚的在家居士,夫妻二人要齐心照顾好家庭,不要在婚姻途中"走私",在外拈花惹草;为人父母后,更要做好身教,好好教育下一代,莫让孩子误入歧途。

第四戒是"不妄语"。子曰:"人而无信,不知其可也。"为人信实,不打诳语;言而有信,才能受他人肯定与尊重。

我们谨守口业,须留意"四恶":一是"恶口",说话粗鲁;二是"两舌",搬弄是非;三是"绮语",巧言令色;四是"妄言",颠倒黑白。开口动舌虽然简单,但影响深远。有时说话虽是无心,却会伤害到听者，所以要学习常说好话，这样既能避免令人生出不好的念头，结下恶缘，也能维护他人向善的心。

第五戒是"不饮酒"。饮酒容易乱性，世间有许多遗憾是在酒后丧失理智所为。近年来，台湾地区酒驾频传，酿致意外，如二○一三年有位年轻的曾医师，被酒驾者撞上而往生，特别令人遗憾、心痛。

曾医师大学就读于慈济医学院，毕业后到台大研究所进修，因为富有爱心，他选择了格外辛苦的科别，专攻急重症；之后他成为台大医院创伤医学部的主治医师，受到病患、师长与同仁的喜爱与敬重。

曾医师发生意外后被送往亚东医院，她的老师柯教授得到消息，立即前往急救。尽管如此，仍回天乏术，柯教授难过地说："孩子，原谅我！老师尽力了，我没能把你救回来。"救人无数，却救不回得意门生，听来多么令人心碎。

酒驾的危害太大了，伤害无数个家庭和无数人的大好人生。偏偏许多人总是贪恋杯中物，像堕入泥沼般无法自拔。佛法如能更为普遍，让"戒"在每个人身上发挥功用，使人们自我警惕，莫再沉溺于酒杯之中，才能有效杜绝此一大患。

台中有位郭居士，过去的人生醉茫茫，因为发酒疯不知摔坏了几部电视；太太劝他戒酒，他甚至拿刀作势要杀人。所幸他后来遇到好因缘，痛下决心悔改。

对有酒瘾的人而言，戒酒不喝实在难熬。有次，郭居士酒瘾难耐，竟用牙齿咬酒瓶，咬断了两颗门牙。旁人感到不解，他也不愿意将牙补上，就是要以此自我警醒,真的是"咬紧牙关"立志不再重蹈覆辙。

嘉义有位环保志工陈居士,过去十多年日日饮酒,身体就像浸在酒瓮里。每次醉酒,可以将家里"净空",一路摔家具,砸个稀烂;日子过得糊里糊涂,连孩子如何长大都不知道。

陈居士因为酗酒而酒精中毒,来到大林慈院求医。医护同仁与志工知道这样的病患除了药物治疗外,更需要心灵关怀,于是志工积极联系,力邀他来环保站做环保,希望借此帮助他改变恶习。

初到环保站,陈居士表情冷漠,不愿与人打招呼。然而,其他志工主动问好,还有年长的老菩萨为他泡牛奶、送面包,叮咛他用早餐。这样的温暖,渐渐为他打开了一颗封闭的心。

投入环保后,陈居士曾向师兄师姊表示,自己若穿上见习志工的灰衣,就会恪守慈济十戒,不敢喝酒、抽烟,所以有位师姊买了好几件灰衣,希望他天天穿上。此后,他虽然慢慢克服了酒瘾,但仍戒不掉烟瘾。二〇一〇年我到嘉义,他很坦白地说:"穿上这件衣服就不敢抽烟;若要抽烟,都会先脱掉。"我依然勉励他继续向目标努力。隔年,陈居士已将烟酒都戒除了。

陈家三个孩子原本因为爸爸爱发酒疯,出外读大学后都不喜欢回家,现在全家和乐融融,平安快乐。我们看见爱的疼惜与陪伴,将一个沉迷于酒精的人拉回正轨,也挽救了一个家庭的幸福。

## 慈济十戒・应时制定

传统佛教徒有五戒,不过,时空变迁,社会上的诱惑与陷阱越来越多,为了对治现代人不好的习气,慈济以原有五戒为基础,扩增为十戒,希望在家居士最起码要守五戒,而慈济人则要守十戒。

五戒之外,第六戒是"不抽烟、不吸毒、不嚼槟榔"。佛世时可能没有人抽烟,就算抽烟,当时的知识也说不清楚抽烟的危害,所以只有戒酒,没有戒烟。然而我们现在知道了抽烟的坏处,理应戒除。比烟危害更大的是毒品,伤身害命,腐蚀心灵,对家庭、社会都有不良影响,更禁不起误触。

吃槟榔除了可能导致口腔癌等疾病外,也毁坏形象。多年前,曾有外国人说:"台湾人怎么这么多人有肺病,边走边吐血。"即使是个斯文人,一嚼槟榔,吐出满口鲜红的槟榔汁,形象也会瞬间毁灭。

除了有损个人形象与健康,商家为了兜售槟榔,营造出"槟榔西施"的怪现象——让年轻女性袒胸露背,暴露身体,吸引男性购买。慈济人曾关怀这群女性,了解到她们有些是为承担家中经济而使然,处境令人同情;但是这样的做法游走于妨害风化的边缘,影响善良风俗,社会观感欠佳,实在不宜。

第七戒是"不赌博、不投机取巧"。赌博害人不浅,多数沉迷赌博的人,无法负起家庭责任。倘若输得倾家荡产,生活反而承受更大的冲击;即便赌赢了,输家也可能因不甘心而迁怒伤人。所以,赌博真是百害而无一益。

多年前,尚未设立慈济十戒的年代,花莲有一位慈济委员,很发心投入行善,工作之余,总是积极访视贫苦,劝募善款。但是他有一个缺点,就是不善于控制时间,常是双眼通红,不知是否晚上未能好眠。后来才知道,他十分好赌,许多时间花在赌博上,输钱的时候,甚至会拿家中物品去变卖,因此连孩子都不愿意尊敬他。

我对他说:"为何要这样做呢?为何要当一个没有尊严的父亲?连太太、孩子都不愿意相信你。"

他说:"不只是家里的人,我的同事只要有东西不见,眼光就会瞄向我。"

"那你有没有拿?"

"没有,家里的东西多少会拿,但是在外面不敢。"

"既然如此,为何不改呢?"

他泪流满面地说:"师父,我好像得了心灵的癌症,没有办法根治了。"哪怕我多次与他长谈,师兄师姊也默默陪伴,他的赌瘾还是难以戒除。唯有请他多看看一些因赌而破败的苦难家庭,希望在不伤其自尊的情况下,能潜移默化,帮助他改变向善。

不只是赌博,投机取巧的行为同样不可取。例如有些人并非为了"投资",而是出于"投机"而买卖股票,每天流连股市,涨的时候欢喜若狂,跌的时候失魂落魄,心情随着股市的起落而浮沉。贪利,一不小心便掉进人生的陷阱。

第八戒是要求大家要孝顺父母，调和声色。孝顺，除了不可忤逆双亲，还要调和声色。侍奉父母缺少敬意，和豢养牛马、宠物有何差别？倘若以行动表达孝心，如准备膳食请父母用餐前，多一句"爸爸、妈妈，请用餐。"这样的画面不是很美吗？

第九戒是要求大家必须遵守交通规则。遵守交通规则的重要性，绕一圈医院急诊室就知道了。行车在路彼此礼让，保护自己也保护他人，更不会因车祸意外让亲友伤心难过。人人守好交通规则，减少事故发生，交通才更加顺畅。

第十戒是希望大家关心国家大事，遵守法律规定表达诉求。政治是国家社会大事，希望慈济人能够关心政治，但表达诉求不要违犯法律规定。

或许有人质疑："身为公民，理应对国家大事表明立场。"我回答："不要诉诸暴力。"在当今社会，平时人人安于士、农、工、商的本分，让社会正常运转而不乱，尽一份公民的责任。

慈济以人道精神立足台湾地区，以慈善的脚步走向其他地方，立场一定要超然，才能面对天下苍生，展开无私大爱。

## 养德于内·行礼于外

倘若未能持戒摄心，开口动舌、待人处世，很容易表现出不好的形象。有人认为心中能分辨对错即可，何必拘泥于"小节"？这是不对的。心好，代表内心有分寸，表现于外也应该守分寸；倘若外在形象不愿调整，如何让人相信心灵的端正呢？

涵养道德于内，行为有礼有节，才是表里如一。常云："人心不同，各如其面。"但人人皆有清净本性，只是"习气不同，各如其面"。既然是习气，只要愿意改变，就能转恶为善。

常听慈济人分享："我过去习气不好，大家看到我就不欢喜；现在大家说我改变很多，为人亲和多了。"别人也会证明："他以前很霸道，大家一遇到他，宁愿绕道也不愿和他碰头，甚至连他走过的脚印，别人都不想踩。现在因为他时时帮助别人，变得慈悲，看起来也和蔼多了。"

如何让人愿意亲近我们？唯有做一个"不让自己讨厌"的人。凡夫厌恶自己犯错，也害怕别人知道自己犯错，往往覆藏己过，缺乏深刻自省。既然讨厌自己的过错，何不发露忏悔，彻底改过？试着坦白:"抱歉,这是我的错,先前种种对不起你的地方,请你原谅。"诚恳认错,请求原谅,才能解开内心的结。先对自己坦诚,别人才可能谅解我们;若是连自己都讨厌自己,却不思改变,绝对不得人缘。所以,一定要克服不好的习气。

习气会在日常生活中展露无遗。有的人明明心地善良,但说话大声,语气强硬,动作粗鲁,令人感到不舒服。假如将声量放低,语调放轻,姿态放柔,肯定会给人以不同的感受。

"过来!"和"请过来一下。"意思相同,语气有别,却给人完全不同的感受。与其因为口气欠佳的习气难以调伏,话说出口才后悔,不如诚心向人忏悔:"不好意思,刚才口气坏了一点。"再学习让自己更"柔软",慢慢消除不好的习气。这就是为何需要忏悔与斋戒。有了戒，能时时自我提醒，预防不好的习气再现。

希望与人结好缘，应先好好克制自己的脾气、欲念以及避免是非不分造成误解。所以慈济委员、慈诚要受证之前，必须见习、培训。有的志工热衷于投入培训，不过习气尚未改正，可能就需要再精进。多一年培训，是多给自己机会历练。假如顺利通过，就表示成功"克己"了。

克服习气，可以尝试"假久成真"的方法。如想生气时，先让自己抽离情境，假装没有脾气，久而久之，想发脾气也无从动怒，想骂人也找不到词汇。既考虑到别人的"耳"，也照顾好自己的"口"和"心"。所以，只要找到方法，习气真的可以克服。

许多志工因为进入慈济,改掉了几十年的坏习气,成为家中榜样、社会典范。在慈济的大环境中,大家从微笑合掌、弯腰鞠躬做起,人人规规矩矩,彼此和敬。大爱电视台的"大爱剧场"演出了他们的真实故事,譬如述说静旸师姊人生的《云彩飞扬》。

初识静旸时,她四十多岁,不太控制得住脾气。她出嫁前是位千金小姐,备受疼爱,接受过良好的教育,物质生活优渥。出嫁后,夫家很传统,讲求媳妇要相夫教子、侍奉公婆,但是她觉得自己是妈妈的心肝宝贝,婚后依然不改大小姐脾气。

曾听她说:"以前我煮好饭菜,是连锅子一起端上桌,不另外装入碗盘。反正菜煮好就是熟的,放在桌上也是这么夹来吃,多拿碗盘来装还要多洗。"又说:"以前一整年不知道有没有折过一次棉被,收过一次蚊帐。我觉得每天晚上蚊帐掀开，人钻进棉被一盖就好了。起床后想到晚上又要盖，反正房门一关也没有人看到，就懒得收棉被、蚊帐了。"

有时他们夫妻发生争执，先生会说："你们师父是这样教你们说话的吗？"她若忍得住就回："我改、我改！"忍不住时就说："我今天向佛菩萨请假！向师父请假！"虽然有时精进，但生起气来还是蛮横。

她刚进慈济时，志工人数还不多，后来参与的委员增加，我认为慈济应该要有纪律，所以开始建立规矩，希望人人穿制服、梳发髻。她反而认为："为什么要那么麻烦？"

有一回，大家集合开会时，别人只是问她一句："你怎么没有穿旗袍来？"她便不开心地回话："没穿来又怎么样，不开会总可以吧！"转头就走。走到外面时才想到这样不对，又调头回去，乖乖坐着开会。

从前她做慈济遇到困难，就会当场坐下，一开口，眼泪就掉下来，有时放声大哭，还摔东西，抱怨："我不做可以吧！"但是我一出面，她又改口："没事了，让我哭一哭就好了。"她怕我操心、怕我烦恼，总是将心境又转回来，依旧勇猛精进。

后来，她学着放下身段，愈来愈缩小自己，改变习气。慈济打算要建设医院时，台北尚未成立分会，她便腾出自家空间，打扫整洁，作为集会之处。她也更精进厨艺，手持大锅、大铲，烹煮丰盛的菜肴殷勤接待大众，只为了招募更多人来慈济。

我们从小到大受外在境界熏染而养成各种不好

的习气。修行，即是接触外境时，能够好好地静下来反省思维，谨慎言行。"内能自谦即是功"，对内下功夫，学习谦卑，缩小自己，莫随外境起伏而动念，与人冲突；用功到一定程度，对人的脸色、声音、态度都能展现有德的形象，就是"外能礼让则是德"。

"德者，得也。"柔和善顺，待人有礼而圆满欢喜的"功德"，只要下功夫，就有所得。世间无常，我们若不及时改变，更待何时呢？希望人人把握时间，改变自己。

## 诚敬致礼·表里合一

修行者真正的道场在自己的内心。回想出家未久时，从戒场受戒回来，当时师父印顺导师住在慧日讲堂，慧瑞师兄带我向师父请安。由于师兄要前往邮局，即向师父请示："可否让慧璋师（编者按：上人法名"证严"，字"慧璋"）和我一起去？"师父认为我难得到台北，欣然慈允。

到了邮局，我想到俗家表姊住在同一条路上，就问慧瑞师兄，回程时可否让我顺路前往探望。师兄表示，必须再回去向师父请示，因为出门时师父只允许我们到邮局。这就是规矩。

古云："君子慎其独。"我们应时时谨慎持重，自我约束言行。多年前，当时担任大林慈院副院长的简守信居士出差时，因为天气酷热，又身着西装，一上飞机就将领带放松。未料，空中小姐来到面前，问道："请问您是简副院长吗？"他一听赶紧将领带拉好。

慈济人的形象鲜明，委员、慈诚若是何处做得不好，背后有很多双眼睛看着我们，很多只手指头指着我们。我们举手投足要更加谨慎，才能成为社会清流，带动人心向善。

有一年，在慈济大学传播系的授袍典礼上，王本荣校长向同学传授五大法宝——第一，不要计较、比较；第二，认真学习，不要睡觉；第三，发挥团队精神，控制情绪，不要大呼小叫；第四，敞开心胸学习，不要关在地窖；第五，谦恭受教。不过，我以为，同学们还是要有所"计较"。

我希望每位同学"计较"自己的仪容举止，不要邋遢涣散，在人前人后都表里一致。做个有礼节的好学生，首要的就是服仪整齐，外人从第一眼看到我们，就会上下打量，判定好坏，是邋遢还是守秩序。不要以为外在形象事小，整齐的穿着能代表一定的修养，与个人的品格息息相关。

保持文质彬彬的形象，还可以从三方面着手："非礼勿视"——八卦报道或无礼的事物尽量避免，把握机会多接触好的人品典范。

"非礼勿听"，粗鲁的语言，不要听进心里，以免受影响而口出秽言，应多听、多学习对人生有帮助的道理。

还有"非礼勿言"，不适当的话切莫随便说，无论是口传或笔录。现在媒体很容易一时不察，传播错误的信息，为社会带来纷乱与伤害，所以言论要特别谨慎。

我们除了事事谨慎，还要时时抱持敬重的心。敬，是一份真挚的尊重。人无法于社会单独生存，必须互相依靠、彼此付出，所以对人对事需要有一份"敬"。

比如建造房子，在建筑物未落成前，我们要抱着乐观其成的期待，同时做好忍耐噪音与暂时不便的心理准备。看到工人上工，心怀敬意地向他们打招呼，以礼相待；待他们傍晚收工回家时，不忘道一句真诚的"谢谢！辛苦您！"体念人们辛劳的一声道谢，相信会让听者生起一份完成使命的喜悦感。

社会各项事务的推动必须依赖群策群力才能达成；能彼此感恩，以诚敬互动，让更多人乐于付出力量，推动事情就轻松多了。然而同事亲友之间，常因相处日久，缺少敬重而轻忽礼节；有时玩笑开得过火，导致误会，甚至会争吵、出手伤人。所以人与人的关系，只有"爱"还不够，需要多加一个"敬"

字——敬重父母、敬重师长、敬重朋友与周遭的人。互相敬爱而生礼节，让优美人文从中体现。

某次前往慈济技术学院参加活动，抵达时，校长已经开始讲话，于是我打算轻轻走到座位，默默坐下。可是这时司仪却请老师、同学向后转问好。之后我告诉他们："一校之长在讲话，不应中途被打断。"敬重师长，也是礼。

在宗教的礼仪上，尤其要有敬。记得年轻时在小木屋修行，常会上山捡柴，途中经过佳民村，相隔不远的距离就有教堂，一旦经过，我都会停在教堂前点头致意。我心想，既然是宗教的教主，就有值得众人尊敬的德行。虽然我们是佛教徒，也要尊重其他宗教，可以低头致意，乃至虔诚敬礼。

佛法若要兴盛，佛弟子则须懂得敬佛、敬法、敬僧。有次志工早会之前，四周安然静默，我却匆匆忙忙地走过坐定的众人面前。事后也忏悔，自己可能惊扰了大家平静的心。

为何当时如此突兀，因为听闻来精舍向印顺导师拜年的真华法师即将要离开，我急于赶往送驾。法师是僧团中的长老，来到精舍，必须顶礼接驾，要离开精舍，也须顶礼送驾，这都是佛门的伦理和礼仪。修行者自身修持礼敬，入群和敬供养，就是以身作则呈现待人接物的教育。

身为佛教徒，重要的是亲近佛法身体力行，由衷对僧宝恭敬，对众生平等尊重，供养每一个人的自性三宝。然而有的人表面上虔信佛法，往来寺院、供养法师，但私底下连吃一餐素食都觉得困难。

或是表现像有修行，但总是心想："要让人知道我是礼佛、拜佛的人；更要让人知道，我很有善心，虔诚学佛，精进不懈……"如此"乍现威仪"，让人感觉气度不凡，却汲汲于名誉，内心缺乏诚恳、自重，徒有修行的外衣，不能真正尊重自己，不算是真正的修行。

学佛，应以最虔诚的心祈求佛法，不可人前装模作样，人后却放荡散漫。缺少了"诚"，表里不一，再如何钻营也无济于事。

有"诚"于心，起心动念，心念与行动合而为一，举手投足、所作所为，自然而然合乎正道。修行修一念心，这念心在"诚"。《炉香赞》有云："诚意方殷，诸佛现全身。"意思是只要内心殷切真诚，诸佛菩萨都会现前，足见"诚"的重要。

二〇一三年，台湾地区选出的年度代表字为"假"，有记者问我对此有何看法。面对这个"假"字，我以"诚"回答："人心欠缺'诚'，言行就会虚而不实。即使无法求得他人以诚心相待，至少'知己一片诚'，莫与人争执。否则你来我往，将使社会纷扰难安。"

慈济在隔年岁末祝福，以"诚之情谊人间祥兆，教之殷实造福富足"为主题：希望慈济人以"诚之情谊"与人互动，说真实话、做真实事，感动人、鼓励人投入善行，让人间充满"祥和之兆"；听闻善法而能身体力行，进而以身作则"教之殷实"，带动人人"造福富足"，社会更加祥和平安。慈济很期盼人们诚心以礼对待周遭的每一个人。

# 第四章　文质彬彬

整齐素雅的形象之美，
代表个人内心之美；
内心美、形象美，
内外皆美即散发德香。
所以用心学习行住坐卧，
小动作也蕴含大意义。

摄影／林敬顺

礼节并非徒有表象的作为，而是发自内心的人文。无形的人文精神理念，需从有形的礼仪动作传达；内在有良好的修养，展现于外的行动必然彬彬有礼。

佛教经典中纪载，舍利弗尊者在皈依佛陀前，见佛弟子马胜比丘的威仪即心生欢喜，恭敬请问比丘跟随的师尊以及修行的法门。尊者认为，佛陀能教诫弟子具足威仪，一定是位了不起的修行者，于是偕同目犍连尊者一起皈依佛前。

涵养良好品性，须加强"宗教"观念。所谓"宗教"，即"人生的宗旨、生活的教育"。宗教注重威仪，宗教之美即在行止端严，于日常生活如律如仪、如规如矩；小动作也蕴含着大意义，所以要从生活细节学起。

学习生活的细节,是以美好的形象庄严自己,也能令人心生欢喜。生活教育要在生活中实践,从衣食住行等方面力求端庄、有礼、整齐、清洁,进而陶铸文质彬彬的人品。

## 行住坐卧・具足威仪

　　或许有人问,会走、会站、会坐、会卧也几十年了,为何还要特地学习?因为还有进步的空间。所以佛陀教育我们行、住、坐、卧应有的姿态——"行如风、立如松、坐如钟、卧如弓"四威仪。

　　"行如风"是步履轻盈,如云过月。脚步沉重,让鞋子发出拖地的声响,并不适当;行走时若能双眼前视,不东张西望,专注于轻轻举足、轻轻踏地,不惊扰他人,不制造噪音,一步步带着"怕地会疼"

的心念，既能顾好威仪，又可长养慈悲。

"立如松"是对站立姿态的要求。站立时倚墙靠壁，很没有精神；站姿应如松树般直挺稳固，心态也如松树一样不畏狂风暴雨、冰霜雪冻，以树影蔽荫，让人们清凉自在。

"坐如钟"则是指坐姿端正如铜钟。正确的坐姿使人精神抖擞，抬头挺胸让小腹自然收起，扩张肩膀、胸廓可使肺部舒展，有助于维持良好体态、促进健康。

我们每日起床可以先行静坐。一开始或许无法双盘久坐，可以试着单盘，再渐渐增加时间。每日借由练习静坐，反省昨日之过，思考今日目标，也能从中涵养精神定力。

睡也有睡的形象，就是"卧如弓"。睡眠时，右侧如弓而卧，右臂曲肱枕之，两足相叠微曲，这个姿势可以保持呼吸道顺畅，避免压迫心脏，又不占太多空间，称为"吉祥卧"。

行、住、坐、卧符合四威仪，衣着、用餐也有原则可遵循。真正有礼貌的人，必然懂得自己打理生活起居、服装仪容。

记得几年前，有位一百零五岁的张阿嬷，因为不小心跌倒，被送往花莲慈济医院，医生诊断后建议住院开刀。这位阿嬷曾参与慈济的"竹筒岁月"，有个心愿是见我一面。

原以为年过百岁的老阿嬷，可能要靠在她耳边说话，岂知到了病房，阿嬷远远地见我就说："师父，我好高兴,一直想要见您!已经看到了!我好高兴。"欢喜地拉住我的手。

她虽然卧病在床,形象却不含糊、不随便,也不会以披头散发的样子见人。这样的传统女德,令人赞叹。

形象干净亮丽,自然让人想亲近。然而现在女性普遍疏于梳理头发,又爱染发,有人将黑发染成五颜六色,有人年纪大了将白发染黑,令人费解。我认为还是顺其自然最美。

年轻时黑发,老来变白发,这是自然法则,所以希望大家不要染发。染发不只影响纯朴的形象,更麻烦的是化学染剂可能会渗透毛孔,进而危害身体。其实,用心将自己打理干净就很美。例如慈济委员穿起旗袍，梳起包头，又精神又亮丽。

男众同样如此。男人有男人的样子，就会显现气魄。有些男生头发留得太长，看起来很杂乱。我认为男生头发应该尽量剪短，这样较清爽，而且好整理。穿衬衫则要将领带打好，领带夹统一夹在第三颗和第四颗扣子中间。裤子的穿着也应留意：若是穿得过低，宛如时下流行的低腰裤，系上的腰带变成"肚带"，并不好看；以长裤而言，皮带系在肚脐以下，看起来显得没有精神，应系在腰际，约在肚脐略上之处为宜。

曾有人说："师父您怎么这么好命，师姊个个气质出众，师兄们也都是精神抖擞。"听到别人的赞叹，我也认为自己很幸运，这群弟子真的称得上是庄严的人间菩萨。

不过现在许多年轻人认为："穿衣服为什么要这样？不能有自己的特色吗？"然而，身为团体的一分子，不就应该以团队的整齐为美吗？

军队有军装，警察有制服，社会上许多团体都有制服。学生也应该要有学生的制服，并在求学阶段养成穿制服的习惯。试想，如果没有任何规范，难道穿着短裤、穿着拖鞋去上学吗？若毕业后，以此形象在工作场合中穿梭，难免让人感叹教育失败。仪容整齐，不仅是对自己尊重，也是对别人的尊重。

身为学生，若学会好好整理仪容，将来进入职场，也会给人留下一个好的第一印象。所以，二十多年前慈济护专（现为慈济科技大学）成立，我即托付懿德妈妈，辅助年轻女孩的生活教育。我深深期盼校内每位女孩将来都能在社会上立足，能胜任职业妇女、人妻人母等各种角色。

看得见的礼节,传达着看不见的道理。培养学生良好的形象,为人师表须有志一同,以身作则,以身教代替言教。服装端正,才能成为真正的典范。回想我童年时的师长,至今仍能清晰地记起玉川春枝老师。玉川老师每天穿着洁净的白上衣、黑裙子,非常端庄,所以我很期待她能成为老师们的榜样。常说"尊师重道",老师如此重视自身形象,成为学生心目中的楷模,学生自然而然会效法,将师长所教导的道理贯彻在日常生活中。

有些学校还有"大爱妈妈"配合学校的"教联会(慈济教师联谊会)"老师,与同学分享生活的礼节和道理,帮助他们打理自己的形象。有一年,延平中学的校长及主任带着同学到花莲参加慈济大学人文课程研习营，他们一大早就进静思精舍，仪表整齐、端坐如钟。后来听他们分享，才知道有大爱妈妈走进校园。很感恩学校让教联会和大爱妈妈与孩子互动，让品格教育深耕在校园。

## 服仪端庄·品格高贵

走出校园，见到社会上有些人形象欠佳、穿着不适当的服饰，总会想到可能是设计者的问题。我们很期望服装设计得更端庄，发挥导正社会风气的教育意义。

人与众生的区别之一，在于需要穿衣蔽体。衣服除了御寒的功能以外，还是礼节的表现。因此，我们抱持什么心态来穿戴衣物，值得深思。

现代人穿衣，有些已经超出衣物原有的功能，成为过度消费的行为。有的人穿金戴银，还在身上贴金箔，实在过于奢华。舞台上的艺人或模特儿的穿着，是一种表演艺术。回归现实生活，还是应以整齐简朴为主。讲究名贵的服装，并非就代表有品位；只要顺应气候变化更衣，穿着利落得体，即是高雅。

日常生活中应有合理的形象。如从前的女人，一早起床若未梳洗，不能见"灶神"，整理好仪容，才能进厨房开始一天的工作。这是自古以来自爱与爱人的表现，以及对"灶神"的尊敬。一般人尚且如此尊神敬佛，佛教徒更要维持干净的形象。

每当为慈济委员授证时，我总是嘱咐："右肩担起如来家业，左肩挑起慈济精神，胸前挂着自己的气质。"期许慈济人在任何场合，都能自我要求守纪律，呈现人间菩萨的气质。

慈济人在共修、访视时穿"八正道"委员服、"蓝天白云"或"灰天白云"志工服,一看就知道身处于慈济大家庭,是已受证委员或正在培训、见习的志工。

慈济委员旗袍又名"柔和忍辱衣",曾有慈济人问:"师父您讲《法华经》时提到'应入如来室,着于如来衣',难道我们现在穿的是'如来衣'吗?"其实这是一种譬喻。在慈济大家庭里,许多人穿起"柔和忍辱衣"就会调伏平日习性,脾气变得特别好,更加守规矩。倘若待人接物时皆如身穿此衣,修养就有进展了。

多年前,两岸直航开启,海南航空公司拟将首航收入与机上义卖所得,全数捐予慈济,因此特地邀请慈济人参加启航仪式。那时,有十几位身着旗袍的师姑、师姊，提早到了机场。

有记者以为她们是空中小姐，架好摄像机问："请问你们是哪家航空公司的？"这些几乎都是"妈妈级"的师姑、师姊幽默地回答："我们的年纪像吗？"随即抓紧时间介绍慈济。

慈济人在外以"慈济人"之名，表达出来的形象就代表慈济，所以慈济人要有"慈济相"，即使品德未臻完美，言行举止也要先合于慈济精神，向表里如一、名实相符的人品典范努力。

## 端碗举箸·生活艺术

从前的家庭生活中，孩子自小就会学习用餐的规矩。例如必须清楚长辈们的称谓，依辈分与长幼次序入座。用餐时不能占主位,长辈尚未入席,不能抢先坐定。若是一见食物即伸手去拿,大人通常会立刻制止:"这样不行,没有规矩。"轻轻的几句话,就是生活教育。

用餐前,先放置碗筷,筷子横摆,手持处靠右。然后将饭盛好,请家人入坐。饭前洗手,入坐后双脚并拢,抬头挺胸。坐有坐相,吃也要有吃相,取筷时先以左手中指轻轻抵住筷子的左端,右手轻轻扶起另一端拿好;夹菜要如"凤头点水"般轻巧优雅;端碗则以左手大拇指外的四指两两分开撑住碗,右手持筷抵住碗的右缘,维持平衡;稳稳端起碗后,将左手四指并拢,则呈现"龙口含珠"的姿态。古人认为皇帝才有如此"龙凤来朝"的美姿,用餐时若保持这般优雅、庄严的气质,即是以富贵相自我祝福。

用餐过程中，莫以口就碗，或将碗放在桌上，而是以筷子夹菜入盘、入口，不要发出声音。这些都是用餐时要留意之处。东方人几乎每日三餐都需要碗筷，若使用不得其法，就显得不够细心、庄重。端碗用筷虽是小事，却必须好好重视。

## 感恩受食·精进道业

除了端碗举箸要符合礼仪，开始用餐时，要借此修善念、发好愿。如开动时先夹三口饭，发三个愿——第一口饭，"愿修一切善"；第二口饭，"愿断一切恶"；第三口饭，"誓度一切众生"。每次用餐，都是自我提醒、净化心灵的时刻。

用餐过程"食存五观"，即存有五种观想：

第一是"计功多少，量彼来处"。看着眼前热腾腾的白饭，应思考这碗饭从何而来，须经过多少农民辛勤播种、割稻，经过多少加工、烹煮的手续。每次用餐都要深知一粥一饭得来不易，心怀感恩。

第二是"忖己德行，全缺应供"。念及众生提供各种生活物资，自己到底能回馈多少，应多思考如何为人群付出。

第三是"防心离过，贪等为宗"。时时预防己心忘失良知，起了贪、瞋、痴念而犯下过失。

第四是"正事良药，为疗形枯"。珍惜眼前的食物，视之为滋养身体的良药。进食是为了吸收均衡的营养，维持生命，并非为了品尝美味，莫挑三拣四，影响健康。

第五是"为成道业,应受此食"。我们需要有健康的身体,才能精进修行,成就道业;广行善事,弘扬佛法,为众生付出,应以感恩心接受饮食。

## 饮食有节·茹素护生

天生万物,五谷杂粮已足够人类食用,植物当中已充分具足人类所需的营养,无须多造杀业,吞食众生肉。普天之下许多残酷的事是因为荤食而来,例如有钱人为了面子,在餐桌上摆派头而吃鱼翅。想想鱼翅的来源,实在令人不忍。

为了吃鱼翅就得捕捉鲨鱼,渔民会先杀害鲨鱼喜食的海豚,用海豚肉来作饵,引鲨鱼上钩。捕捉到鲨鱼后,渔民剪下鱼翅,又将鲨鱼丢入海中,任其痛苦挣扎到命终。倘若鲨鱼腹中有胎儿,就多一条生灵丧失。鱼翅上桌，究竟需要杀害多少生命？又有多少人吃到呢？

其实，鱼翅没有特别的营养价值，在制造过程中还可能产生有害人体的毒素。曾见新闻报道，有不肖业者在环境脏乱的工厂，以工业用双氧水洗刷鱼翅。当记者问工人："这是否对人体有害？"工人回答："反正是有钱人吃的。"一方为了赚钱，罔顾良知；另一方则为了口欲，助长恶业。

有人反讽人类：天上飞的只有飞机不能吃，水中游的只有船艇不能吞。许多野生动物进了餐厅的菜单，龟、蛇、蚯蚓……被当成药材、药引，实在令人感叹。佛陀教育我们：众生是六道轮回，不应彼此虐待、伤杀吞食，应尊重生命，用爱心来庇护大自然的万物。

现在人因为不正确的饮食习惯，已经频频出现健康危机。许多人看到食物就有"非吃不可"的欲念，就如明明要戒酒，见了酒却由不得自己；明明打算戒毒，见别人吸毒还是禁不住诱惑。荤食的人也一样，明明发愿持斋，见了肉食还是想吃。试想，口欲尚且禁不住，内心其他种种欲念是不是也可能反过来操控我们呢？

正确地"吃"，能调适我们的身体，所以佛陀制"斋"戒，训练我们遵守饮食的时机，避免饮食过量。

佛世时，出家众日中一食，手中托钵，出外化缘。有时走到第一户人家就获得足够的量，得以维持一日所需；有时在家居士布施的分量不够，还可以前往第二、第三户，但是如果到第七户依旧不足，只好到此为止。因为古印度村落之间距离遥远，再走下去会耽搁修行的时间,不能因贪恋于食物而影响修行。

"钵"又称为"应量器",僧众以此度量一日所需的食物。倘若走了七户,化缘的量还是不够,须明白"今日的缘仅此而已",内心同样轻安欢喜。

在家居士也要留意饮食的分量,贪求口欲或一时方便,即有可能为大地带来伤害。曾见一则新闻报道:全日本有四万多家便利商店供应便当,为求菜色丰盛,自海外引进多样食材,运送的里程数合计可绕地球四圈,难以估算因物流造成多少污染。由于便当有保鲜期限,八小时内若未食用都必须丢弃,一天丢掉的食物,竟高达当地粮食产量的三倍!

饭菜煮得过量,吃不完,最终都倒入馊水桶。

尤其是大饭店的厨余，一天不知有多少。如能在烹煮时好好控制分量，既省钱又卫生，也能避免浪费食物，有助解决粮荒。

另外，还有不当的饮食方式需要留意，如在大街上拿着一杯饮料，边走边喝。若在以前的年代，这是没礼貌的行为；然而，现在早已见怪不怪。这种行为不但失礼，还影响健康。口贪美味，眼图美色，大多饮料都得加入色素，染成红色、咖啡色等，人们心里才喜欢。这些五颜六色的饮料，不知添加了多少化学物质，对人体有害无益，真的要尽量避免。

即使是饮用矿泉水，也不能断定真的安全，取水地是否干净，保存是否得当，都可能影响水质。再者，每瓶矿泉水就得用一支宝特瓶，据统计全球每年约有一亿五千万吨的瓶装水，想想这需要制造多少宝特瓶，数量实在是相当惊人。

为了环保，最好不要购买饮料或矿泉水。在家烧开水，随身携带水壶，安全又健康，也可以减少浪费。

现在医学界证实，饮食清淡八分饱，就是健康的养身之道。慈济也倡导"素食八分饱，二分助人好"。目前地球已突破七十亿人口，却有近二十亿人处于饥饿状态，假若剩下的五十亿人少吃二分，即可再帮助十亿人。少吃一点，不仅对身体有益，也能造福人群，力行八分饱，何乐而不为？

饮食有度，选用餐具也要多用心。有一段时间，社会上提倡使用各式各样的免洗用具——免洗碗筷、免洗衣物、免洗尿布……标榜"用一次即丢"的便利性，及避免餐具未洗净而传染致病，没有考虑到将为环境带来多大的污染。

每人一日三餐,就要丢三双筷子;若是一家超过五口,就要丢掉十双以上;整个地区一天下来又要丢弃多少呢?免洗筷是以竹子或木料制成的,随意丢弃,就是浪费资源。

地球只有一个,大地也有生命,树不断地被砍,山不断地被挖,就如剃了大地的头发,伤害了大地的皮肤骨肉;挖掘石油,更像是吸取大地的脑髓、血液。人类衣食住行都仰赖地球的资源,但开发的过程带来许多污染,造成四大不调;唯有少欲知足,资源才能永续。

欣见近年来许多饭店或是餐厅,渐渐不提供免洗碗筷,为爱护地球尽一份心力。而慈济人随身携带"三宝"——环保碗、筷、杯,既环保又有利于个人卫生。期盼每个人都能养成随身携带环保餐具的习惯，将过去的免洗文化，转化为惜福美德。

## 办公居家·殷勤拂拭

生活礼仪包含的范围很广泛，妥善整理居家环境也是其一。倘若家中物品歪歪斜斜、零零落落，多少反映了主人邋遢随便，不懂得照顾自己。洒扫庭除看来简单，却是重要的生活教育，可以使人们从小养就良好的生活礼仪与习惯。借由清扫看得见的外境，无形中为内心世界日除尘沙、除旧布新。

环境清洁，也是有效的防疫措施。今年夏季，台南暴雨积水滋生蚊虫，登革热频传，许多家长担心孩子感染时疫。慈济人穿起雨衣走入校园，协助清理，不遗漏任何可能积水的空间。通过一次大扫除，带动同学们勤于维持卫生,即使是小小的缝隙或不起眼的暗角都要留意,才是常保无虞的良方。

平日就落实"心灵教育"与"生活规范",将物品分类收纳,随手收拾,这样在社会就业时,自然懂得将工作环境整理好。常见现在的上班族,办公桌上堆着饮料、饼干、糖果等食物,一边工作一边吃喝,碎屑掉落,招来蚂蚁、蟑螂、老鼠。我希望慈济同仁不要将食物带入办公室,避免招引小动物,带来传染病,如此有益身体健康,同时不会因为清扫而误杀虫鼠,也是长养慈悲护生的心念。个人时时维护好座位四周整洁,大家互相照顾,无需特地劳师动众,就能做好办公室环保。

行住坐卧、穿衣用餐、环境整理皆是日常小事,却是生活教育的基础,而生活教育则是做人的根本道理。希望"有礼真好"不是一句口号，人人从小处做起，以礼相待，恢复心富好礼的社会并不难。

## 茶道花道·人文之美

"行有余力则以学文"，在基本生活教育之外，生活中的"人文"能让人发乎诚与情，具体表现出"真善美"。如好的音乐有净化的功能，可以涵养气质；茶道、花道则透过专注的精神，优雅的仪态，洗涤身心，呈现美姿与风采。

"一花一世界，一叶一如来"，一花一草都很珍贵。花道能展现花草的活力，即使是路边的野草、不起眼的小花，只要用心安置，皆能绽放生命的光彩。盆中的花有静态之美，插花的过程有动态之美，皆能美化周遭的空间。插花时，用温软的双手轻轻地

"肤"，让花草柔软弯曲，每枝草、每朵花犹如在对话，也呈现了和谐的姿态。

花开有时，转瞬凋谢，我们思考如何运用花材，也能从中体会世间无常，应把握生命中美丽芬芳的时刻。花草跨越语言，直接以美打动人心，仿佛无声说法；花道融合了宗教精神，启发众人疼惜万事万物及感恩的情操。

茶道，则旨在让茶水成为涵养智慧、滋润慧命的法水。喝一杯茶，无言静心，体悟道理；人与人静谧如画，却又真实能动，端庄优雅的动作，举手投足皆是功夫。

我虽然经常喝茶，但没有时间好好体会茶道。每日用完早餐，回到书房，总有一杯茶搁在桌上。

我却常忙于翻阅资料,伸手端来就喝了,来不及细细品尝,平常也看不到弟子们泡茶的姿态。常说"来不及,来不及"!喝茶何须慢条斯理?然而在这浮动不安的世界里,茶道无非是要调心,沉淀自己,回归宁静。

茶道,在于让环境、心境都恰到好处。例如泡茶需要用心、尽心、耐心,以适合的温度冲茶,蒸腾的热气中才有香气氤氲;奉上一杯好茶,饮者也不能一味趁热喝,心绪平静,才能品其真味。

茶道、花道都是"道",具有深厚的内涵,若能应用于平常,生活就多了一份美感。

家庭花道无须艰深的技艺,以慧心巧手即能美化空间、美化心灵,使里外俱美,人格提升。用心打理居家环境，勤于洒扫、维持清洁，再将寻常的小花、小草从户外移入屋内装饰点缀。少许小盆插花，营造温馨气氛，提高生活质量，无形中是对子女的家庭教育；如有客人来访，见此淡雅的情境，也能有不同的感受，放下心头的浮躁而舒缓自在。

茶道同样如此。在特定空间中展现的传统茶道，有其严谨的规矩，在日常中可以略作调整。

茶道蕴含人与人之间相处的智慧，学习茶道，也可以学习待客之道。现代人普遍疏忽了奉茶待客的细节。有时来客谈论要事，就要避免中途奉茶，可以备一壶茶，让人自行取用。又如奉茶时若满座是人，千万莫挤在客人之间，强行奉茶，而应将茶杯摆在桌上的茶盘中，请众人一一传递茶杯，既雅观又有礼。留意这些细节，则处处可见用心。

静思茶道是在宁静氛围中,体现宛如道场般庄严的茶礼与艺术,让道理与智慧藉由茶道传达,也能藉由"生活茶""待客茶",让喝茶的人生起欢喜心。常见慈济人共修聚会,或是闲暇时团聚谈心,以茶待友,分享彼此的心得,这画面真的很美。

茶道和花道,都在雕琢我们端庄的形象,使心有"静之美",行有"动之美"。期盼真善美的人文,可以借由优美的茶道、花道推广,促进人们的心灵对话。

第四章・文质彬彬

# 卷三
## 人伦章法 有礼有节

# 第五章　人群处众

"礼",是长幼有序——
尊重长者、慈爱幼者,
用心教导年轻人。
安分守己、自爱爱人,
延续爱与善的循环,
增添人间的福气。

摄影/李白士

人与人相处，其中有深刻的道理。而中华文化中的五伦——父子有亲、君臣有义、夫妇有别、长幼有序、朋友有信，既合乎做人本分与规矩，也是家庭幸福、社会祥和的根本。体认这些道理，往来有礼节，家庭、社会则有一份真诚互动之美。

五伦首重家庭，家庭肇始于夫妻，男女必须于婚姻守贞，不能出轨，稳定家庭的基础。人生就是一个"缘"字，因缘深厚结为夫妻，要同心、同志愿走在人生道上，时时知福，共同负起家庭责任，教养儿女；走出家庭，人们互动有信，无论对年长者或年幼者都有礼貌；"君臣有义"的概念，则可转换、扩充来探讨"劳资""医患"的关系。五伦充满对家庭、对夫妻、对朋友、对社会的智慧，值得我们重视。

## 家庭伦常·父慈子孝

一个美满的家庭，需夫妻同心，一起做子女的典范。夫妻恪守本分，将家庭照顾好，将孩子教育好；家庭的成员恪守本分，人人心和，则"家和万事兴"。日常生活中，父母如何待人接物，都是孩子学习的对象。孩提时期是学做人的开始；从何处学？父母就是孩子的"模"。倘若父母平时行为粗鲁、口出秽言、漠视亲人，儿女日后很难孝顺父母、友爱兄弟姊妹、不让长辈担心。

有些男女因为一时的喜欢而步入婚姻，婚后发现另一半并不如之前所想象，于是处处计较，针锋相对。二人时时情绪欠佳，互不相让地争吵，宛如斗鸡，总是怒目相视、愁容满面，孩子如何快乐成长？

或者，夫妻虽然感情良好，但是做媳妇的不愿孝顺公婆，做先生的不愿妻子常回娘家，彼此冲突。何不试着想想，能嫁给好的先生、娶到好的太太，不该感谢公公婆婆、岳父岳母拉拔另一半长大吗？如能爱另一半所爱之人，孝顺彼此的父母，家中的伦理将更加圆满。

心念一转，整个家庭就能有所改变。每年慈济的岁末祝福，总有人分享如何改变。为人夫者，从"修理"别人，变成"修理"自己的脾气；为人妻者，即使能如大丈夫般处理事务，与先生互动时，也要缩小自己，让一家人相处融洽。

夫妻有了孩子，亲子间真诚相爱，常能看见"父子有亲"的人性之美。慈济在大陆援助许多因贫失学的孩子，助学前，需深入了解个案的家境；助学后，需持续关心,时时走访。在甘肃,我们即发现一对感人的母女。

接受帮助的女孩,来自单亲家庭,她的妈妈为了供应孩子读书,含辛茹苦。在干旱的黄土高原上,要维持生计十分艰难,然而她的妈妈无论如何都不愿女儿在家帮忙做事,想尽办法让她受教育,这样将来才有脱离贫困的可能。

慈济在当地学校的介绍下,接触了这个家庭。在了解她们家庭状况时,女孩向志工说出心里话:"我的家境并不好,妈妈过得很辛苦。妈妈虽然不漂亮,但真的很美。"

慈济人跟着女孩前往她家,看见她的母亲果然满脸沧桑,以一般人的眼光来看不算美。或许别的孩子会因为有这样的母亲感到自卑，但是这位女孩认为自己的母亲最美，因为自从父亲不在后，母亲毫无埋怨，挑起整个家庭的重担。

大爱电视台的记者，记录下这对母女的日常生活。这位妈妈耕作的农地在陡峭的山坡上，做完农务，还要赶往别处做工。母亲如此辛苦，孩子也很孝顺，将家务事都打理好，孝行让邻居赞不绝口。这个山中的单亲家庭虽然清贫却充满温馨。

家庭中，还有感人的手足之情。有一位刘阿嬷，母亲过世得早，留下六个弟弟妹妹。身为长女的她，十几岁就挑起所有家务事，拉拔弟弟妹妹长大。其中一位弟弟罹患重病，为了让其他弟弟妹妹安心成家立业，她选择不结婚，守在家中照顾这位弟弟。

刘阿嬷家中经济并不宽裕，仅靠政府补助重症患者的津贴租田耕作，作为主要的收入来源。当地里长见他们生活困苦，打算协助申请低收入户的补贴，但刘阿嬷认为租田种地，靠自己的劳力，只要生活节俭一点，姐弟相依为命，日子还是可以过得去的。

还有一位赵同学，在慈济举办的亲子营中分享了他的故事。他有一位长他五岁的兄长，自小被检查出患有自闭症与多重障碍，时常躁动不安。他因此需要帮忙照顾。

照顾的工作相当辛苦，每当哥哥情绪发作时，无论说什么都静不下来。年幼的赵同学心里难免有抱怨，甚至曾问妈妈："我到底欠哥哥多少债？要怎样才还得完？"

参加慈济的亲子营后,赵同学试着转变念头,将哥哥视作家中的弥勒佛,为他清理、洗澡,带着哥哥出外骑脚踏车,共同享受户外的时光。常云兄友弟恭,这对兄弟中的哥哥虽然无法照顾弟弟,然而弟弟恭敬、爱护哥哥,一肩挑起照顾、保护兄长的责任,真是一位有智慧的孩子。

支持、鼓励亲人行善,更是将家人之间的爱扩为大爱。就如慈济委员、慈诚得到家人的支持,可以好好地、安心地为社会、人群付出。常听慈济师兄师姊的家人说:"我把先生捐出去,让他专心去为人群付出。""我把太太捐出去了,只要对人有帮助,她做得欢喜,我也随喜她的功德。"圆满家人做真正做想做的事,利益众生,这样的世界不是很美吗?

也有同做慈济的夫妻分享:过去为了家庭付出

许多，现在为了长养慧命、回报众生恩，携手投入行善。他们带动孩子一起做慈济，一家同行菩萨道，多么幸福！

在慈济环保站里，来自社会各个角落的志工相互扶持，如同一家人。高雄有一对感情很好的"姊妹"——曲师姊与吴师姊，她们同进同出做环保的画面，感动了许多人。

原来，曲师姊双眼全盲，吴师姊则患有小儿麻痹，驼背，双脚不便使力。然而每到做环保的日子，吴师姊做曲师姊的眼睛，骑着改装过的摩托车载她到环保站；到达后，曲师姊下车扶着吴师姊，用身体做她的拐杖。这对最好的拍档，打开心门，手牵着手，将环保分类做得非常仔细，也成就彼此圆满的人生。所以，这份"落地为兄弟"的家人情谊，何必限于血缘之亲?

## 安分守己·长幼有序

放宽心胸,人人可以真诚互动,但要彼此和睦相处,还应重视"长幼有序"。佛世时,僧团在恒河两岸教化众生,有次前往舍卫国弘法,天色已近黄昏,就在精舍休息一夜。印度的气候白天酷热,晚上有凉意。当晚,佛陀在半夜感到微冷,起身端坐,却听闻户外有人声。往外一看,原来树下坐着一个人。

佛陀问:"树下是何人?"

那人回答:"佛陀!是我,舍利弗。"

"舍利弗!你为何坐在树下?"

"佛陀！昨晚到精舍后，大家忙着找位子歇息，后来没位子了，我只好在树下静坐。"

隔日一早，佛陀聚集弟子，问道："僧团中，谁应坐首座，第一个接受施主供养？"年轻比丘纷纷回答："有王族身份的刹帝利""婆罗门出身的宗教家""修行得到神通者"……

这时，佛陀教导众人："僧团中的修行者人人平等，没有种姓优劣之分，也非修得神通者就可以坐于首座。你们同样接受正法的教化，应懂得敬重礼让的真义，尊重年纪、戒腊与德行卓越的长老。所以初出家的年轻比丘应礼让修德修心、又能弘扬正法的长老坐于首座。"

中华民族自古就有敬老尊贤的美德，不过，有项不易觉察到的习气，就是"熟不拘礼"，人人容易"靠熟"（编者按：闽南语，意指因熟识而疏忽礼节）。例如有时遇到陌生人，会客气地让座；但面对熟识的朋友，反而会说："喂，起来啦！我脚酸，让我坐一下。"对陌生人能有礼谦让，对自己人就便宜行事；久而久之，或许会产生嫌隙，不能合和互协。

在慈济道场，自家人亲切有礼地彼此招呼，让人感觉一团和气，充满人情味。绝对不要认为师兄师姊之间讲礼节太见外，显得客套。公众场合中，也莫因熟识而高声谈笑，切记"熟不忘礼"的分寸，讲话需温和有礼，为自己、为所属的团体留下好的气质、形象。

此外，男女之间更要谨守礼仪与分寸。在慈济，若非夫妻关系，志工不宜男女二人单独出门，做任何事务应以组队为单位，尽量四个人以上共乘一车，同做访视或其他慈济事。自己内心端正，进出的礼节也要照顾好。

现代人强调自由。真正的自由在安分守己，进而付出助人，感到身心轻安，欢喜自在；倘若抱着"只要我喜欢，有什么不可以"这样毫无节制、自以为是的自由，反而可能招致许多不自由的后果。

尊重自由，则不应妨害他人的自由。为所欲为，一味地强调"开放""自由"，漠视规矩，很容易迷失与人相处的方向。因此礼仪教育不可废弃，每个人守好规矩伦理，负起责任使命，才是世间之福。

## 立身处世·正直做人

与人相处，要留意之处很多。曾子每日三省其身，有一项"与朋友交而不信乎"，即是反省与朋友的关系是否秉持诚正信实的原则。

曾听闻一则故事：一对贩卖冷冻机器的父子，父亲常常叮咛儿子做生意要诚恳、守信用。一日，父亲不在店里，由儿子看店，一位老店主的朋友来买冰冻鱼的冷冻柜，选中其中一台。顾店的儿子明知产品有问题，却不予告知，仍将瑕疵品售出。老店主回来发现此事，气得脸色大变，痛骂儿子做买卖不重信誉，急忙要找回买家。

隔日，父子俩到那位客人店里，打开冷冻柜一看，鱼货全都腐坏了。父亲向客人赔罪，同时称过坏掉的鱼货，照价赔偿，并向儿子说："我们得负起责任。除了更换冷冻柜，你做了如此糊涂、没信用的事，应该替客人做工，用工时所得赔偿他们店里的损失。"这就是为人要正直的道理。

慈济开始劝募之时，即禁止私下劝募，哪怕是五角、一元的捐款，《慈济月刊》同样一一标明由哪位委员所收，是哪位会员所布施，公开征信。当初即言明不可收取无名氏的捐款，点滴善款都要清清楚楚，若收了十位无名氏的钱，只写出五个，捐钱者以为刊登出来的是自己，事实上款项的来源却不清楚，反而启人疑窦。为了避免这种事情发生，希望十方檀越都能具名，名字记于月刊之上，也是期许这些名字的主人都能走入慈济。

慈济的精神是"诚正信实"，因此灾难救助时与人有信,"走在最前,做到最后"。如二〇一〇年海地巨震成灾,隔年我们启动项目规划,协助圣恩修女会援建三所学校。至二〇一三年五月,学校落成启用,这段时间,慈济人和建筑师为了工程,往返美国与海地三十多次。在落成典礼上,圣恩修女会的修女表示,援建的学校不只是座建筑物,更是一份殷切的希望,感恩慈济志工真的回到这片土地,信守"做到最后"的承诺。

## 善念循环·共聚福缘

有时,人们因为立场不同,可能相互对立,甚至发生冲突,例如劳资关系。传统五伦中,"君臣有义"的智慧,可转换为职场上的"劳资有义"——雇主善待劳工,劳工则尽忠职守,劳资双方互相感恩。

社会上多数人计较工时,重视短暂的休息享乐,常认为"休息是为了走更长远的路"。所以劳工总盘算一周上班的时数多寡,最好不要工作太久,免得辛苦;资方又精打细算,计较劳方少做多少时间,看到员工不热衷于工作,心里就难受。双方都不愿为对方着想,事情便难以圆满。

试想资方有能力、毅力与智慧创办造福社会的企业,劳工应该感恩资方提供工作机会,才得以发挥才干,同时照顾家庭;资方更应该感恩劳工,若无劳方努力打拼,产品再好都难以生产上市。

慈济人当中有老板也有员工。我对身为员工的人说:"当你们对老板不满,对公司制度不满时,也要想到你们劳力赚钱,老板是劳心赚钱。公司营运,老板要承担许多风险,付出许多精神去掌舵。若以为赚钱全靠自己的本领，享受盈余是应该的，这种观念有失偏颇。"

我也对身为老板的人说："有人帮你做事、赚钱，你要感恩他们，多一份同理心；再进一步将公司盈余赠予更需要的人，就是感恩心的表现。因为公司盈余，是所有同仁付出努力赚来的，以此回馈社会、回馈人群，等于是替员工造福，布施的功德归于全体。企业中人人有福，这个企业就是成功的企业。"老板、员工以爱与感恩互动，成就幸福企业，是不是很美好呢？

除了劳资关系，台湾日渐恶化的还有医患关系，甚至有人将医疗视为一种买卖交易，淡忘了对医护人员基本的尊重。改善这个现象的良方，还是感恩。

人们来到世间,生老病死皆与医疗息息相关。可是现在的医疗环境,让许多年轻人视为畏途;就业的医师则战战兢兢,惶惶不安,担心有朝一日因医疗纠纷被病患提告。这样的风气,让医院里"五大皆空"——内科、外科、妇科、儿科四大科,再加急诊科,几乎没有新进医师愿意投入。

栽培一位医师,需要七年的大学教育,经历实习、住院的阶段。一位医学生毕业后,若不愿投入医疗的大环境,就会虚耗难以计数的社会资源。只是,人人都是凡夫,谁不想保护自己?

护理人员夜以继日,专心照顾病人,同样很难做。曾听人分享,慈院加护病房有位先生为了父亲的病情着急,对着护理师破口大骂,反而是病房内一位阿嬷叹道:"我的孙女读护理,若是毕业当护士,也要这样被人骂,我舍不得啊!"患者家属难免焦急,将不满发泄在医护人员身上。只是,医护人员在尽力抢救、照顾患者时,还需承受怒气与指责,难怪许多人萌生退意,加剧医疗人力不足的恶性循环。

但我相信从事医护者都有佛心、菩萨心,志在守护生命,为病患付出。二〇一五年六月下旬,台北八仙乐园发生粉尘爆炸意外。瞬间,五百多位年轻人被烧伤,大批伤员被送到各家医院,置于烧烫伤病房或加护病房细心照顾。重症者每次换药,需有四到八位医护人员投入数小时,这让医院人力捉襟见肘。许多人纷纷主动取消休假,或跨区支持,还有已经退休、离职或在外开业的医护人员表示愿意回医院协助,真正让人看到了医护人员的无私大爱。

若非无私大爱，如何克服重重障碍，安心于医疗岗位？我们多一份感恩的心，让医护人员爱的付出，得到一份感恩的回馈，也能使整个社会的幸福与健康更有保障。

人生在世，离不开人与人之间的相处。我们若能珍惜人与人之间相遇的缘分，不论面对何种人际关系，都把心顾好；做人守根本、家庭有伦理，社会自然平安。期盼普天之下，人人皆能如此，同聚善念福缘，世间将充满祥和瑞气。

## 第六章　典章制度

守戒有爱，合法如法——
遵守世间的法律，契合佛法的道理，
负起责任、明白因果、合和互协，
成就人生典范、取得大众信任，
才能接引人群共同发挥爱的能量，
缔造祥和的社会与世界。

摄影/余永清

慈济有志于"佛法生活化,菩萨人间化",在人间推动佛教志业,如今走过五十年,制度要更为踏实。

慈济团队包含志愿性的"志工"与专业性的"职工",二者性质不同,互相配合,彼此感恩。职工有处理工作的权限,并负完成交办的责任,应时时把握好原则,事事不违慈济志业明定的规章制度,合于佛陀的理念。

志工有发展志业的使命。早年"教富济贫"的阶段,筚路蓝缕,每个小组四位委员,感情深厚、互动良好。她们访贫慰苦,奉献心力,以亲身所见启发亲朋好友,接引众人同行善道。当时,只要发心劝募者,就是"善来委员"。

随着志业推展,发心投入者愈来愈多,已受证的志工团队，慈济委员以"组"名之，女众为主；慈诚以"队"名之，皆为男众。团体编制也因应需要而落实小区，通过"小组关怀，多组活动"，可以节省交通时间，就近关心邻里。小区的"人间菩萨招生"，让大众了解慈济、投入慈济，行善利他。人心净化，共聚福业，即能破除许多灾难。

接续推行的"四法四门四合一"，将原先的组队区分为"合心""和气""互爱""协力"。"合和互协"为深入慈济的四个步骤而非四个层次。不论分在哪个队组，都要"四合一"——无分资深资浅，亲自投入，汇聚力量，使小区即道场，实践"立体琉璃同心圆，菩提林立同根生，队组合心耕福田，慧根深植菩萨道"的精神。

# 戒为制度・爱为管理

常有人问我:"慈济人众多,形象总是整齐有礼;出外行善,所作所为也常感动人心,请问法师以何为制度,又是如何管理?"我想了想,回答:"没有特别的制度和管理,只有'以戒为制度,以爱为管理'。"

曾有位开设工厂的刘居士分享,用"动口,不动手"企业化经营的方式推行慈济,完全行不通。而慈济是"动手,不动口",必须先身体力行,才能带动。慈济人多,需要组织,但是依他的观察,慈济并非"企业化",而是"制度化"。

刘居士说的没错。戒就是规矩,是对自己的制度。每个人修心养性,守好做人的道理,自然能安于本分,在日常生活、待人接物中缩小自己、不逾越规矩;起心动念有一份爱，团体以爱为管理，没有谁管谁，而是人人互爱、事事感恩，让志业推动得很欢喜。

欲使团队上轨道，运作顺畅，志工或同仁要有一定的权限才能行事，若没有职权、职责，无法作主，久而久之可能会松懈涣散。所以，有心投入的人才如能安住，即应交付权责，以爱辅导，使其发挥专业功能，并提升慈济人文与同心同志愿的良能。

领导者适当授权，令人各司其职，最重要的是不能缺乏感恩、尊重、爱的品德——感恩众人共同付出，尊重彼此，团队宛如一家人，互爱关怀。如此，才能成就诸事。

在事务层面，多数同仁"乐于配合"，但较少人愿意"勇于承担"，判别事情该不该做。然而事务繁多，仅靠少数主管无法全部管理、处理，必须多培养敢于任事的人才，遇事立即汇报及处理，不让问题衍生扩大。

各科室之间则需相互支援，但彼此的职权与负责范围必须厘清：对于共同事务定期聚会讨论，横向传达决议的整体汇报；主管依志业的精神理念统筹，就如经线，分布各地、各单位的人才，就如纬线，经纬交织，建立起完善的组织管理。

慈济四大志业涵盖多种社会功能，许多领域我并不擅长，必须依赖各主管同仁树立稳固的组织架构，以有形的章法落实"以戒为制度，以爱为管理"的精神。所以，我绝对尊重各领域的专业。

例如来到慈济医院，我的本分是感恩每一位医护人员，赞叹他们做得很好。当然，也许有未臻理想之处，但我不会直接找相关同仁指示，而是婉转地向院长和主管们提醒，请他们处理也是尊重其权责。分层负责，是组织重要的行政伦理。

规范立得再仔细，人心若不安于本分，终究会偏差而犯规，所以，在精神层面若有"戒"来提醒，将戒律稳立心中，行为就不容易偏颇。现在许多工作计算机化，人际沟通多依赖科技传讯，较缺乏实际的接触与互动，情谊难以建立；以"爱"管理，能促进"人"的积极互动。因此，我相信"以戒为制度，以爱为管理"，经营任何企业、公司都适用。

## 合法如法·顺理成章

慈济已走过半个世纪，我曾暗忖：不知道还有多少时间,能在岁末祝福时一一为慈济人授证,还有多少机会去调解志工之间的烦恼纠结。未来虽不可知,但我时时感恩每一位慈济人的付出,期盼静思法脉长留人间。

回想做慈济以来,始终坚持做事要合法如法,也自我要求言行要合法如法——合世间律法,如实遵守佛陀的教法,深明因果。组织管理要有良效,制度运作要能上轨,执事者该方、该有原则,或该圆、柔软应对,方方圆圆都要清楚明白,不能模棱两可,令人无所适从。特别是慈济人很热心,很积极行善,但若有爱心而无制度,就容易误触法网,所以总叮咛"以戒为制度、以爱为管理"。

建立团体的规则,遵守社会和行政单位的法令规章很重要,但更重要的是培养每一个人的德行。

成员若缺乏自觉,再严谨的规范也没有用。无论在何处做慈济事,都要遵守当地法规,顺其情、遵其法。即使出于热忱,一心一志为慈济,也不能等不及法律允许、因缘成熟就做。因为哪怕只有少数人违规,大众会说是"慈济"违规。所以我们应坚守原则,莫让慈济遭受"不合法、不如法"的批评。

慈济是宗教团体,也是社会团体,要让这个团体永不变质,唯有稳固精神理念——静思法脉。做慈济遇到困境,将想法单纯化,记得初发心——将最初发愿投入菩萨道的那念心照顾好,坚守为众生而奉献的志愿;时时"听别人、想自己",以周遭同修的人生经验为"大藏经",走入人群中借事练心、借境修心、体会佛心,以增进道业。

"静思勤行道"是静思道场的修行重心,借由慈济宗门走入社会人群。慈济人秉持此"道"利益众生，若要持续投入，唯有多吸收善法，才能在人与人之间展现"感恩、尊重、爱"的力道，让爱的足迹遍及全球，"顺理"而"成章"——顺着佛法的道理，写下一页页美的篇章。期盼我们都能坚定信念，做好身教，做后世最好的榜样。

## 三千世界·琉璃同心

慈济四大志业、八大法印，由社会各界人士齐力付出而成。每位慈济人欢喜甘愿、一心投入，将念念好念汇聚为清流，泛起一圈一圈的涟漪，慢慢从花东推展到整个台湾地区，进而普及全球，成就真正的"立体琉璃同心圆"。

很希望慈济能如东方药师佛的琉璃净土，晶莹剔透、毫无瑕疵，彻底清净。唯有每一位慈济人小心、用心，时时警惕，人人无私、内心坦荡，才能成就品德无瑕的团队。

常提醒人人勿忘初心——那一念最清净无私、同体大悲的爱。人心本来清净，只是遭受无明是非污染，宛如明镜蒙尘。慈济人借由付出净化自心，在人间边走边学，"做中学，做中觉，觉中悟"，对人懂得"感恩"，做事懂得"尊重"，人与事之间懂得互"爱"——人圆、事圆、理圆，慢慢涤除凡夫习气，使慧命日益增长。正如一颗颗善的种子萌发茁壮，代代传续，如"菩提林立同根生"。

除了东方琉璃世界，佛教还有"三千大千世界"的世界观，也能用以形容"圆"的慈济团体。

三千世界中的"小千世界"是静思精舍。慈济的精神源于斯，出家众维持佛教的形象，自力更生，作为慈济志业的后盾，让精舍永远是所有慈济人的心灵故乡。

"中千世界"由"清修士"所组成。慈济的清修士誓愿不婚嫁，以精舍为家；用出世的精神，做入世的工作。他们虽未现出家相，但是怀抱出家的心，放下家累等世俗挂碍，专心投入为佛教、为众生的志业。

"大千世界"就是广大的在家居士。无论是委员、慈诚，还有正在见习、培训的志工，以及千千万万护持慈济的会员。在家居士兼顾家业、事业与志业，将爱播洒在每一个角落。

婆娑世界，苦难偏多，苦难众生，就是菩萨的福田，愿人人齐力肤慰苦难，"队组合心耕福田"。福田用心耕，智慧自然成，终将"慧根深植菩萨道"，接近佛陀的本怀。

## 志工组队·四法四门

静思精舍会客室前有棵大树，树下有石椅，常见访客一家大小在树下乘凉谈心。想起精舍初建时，这棵树还只是一株刚入土的小树苗。岁月流转，如今树干粗可合抱，茂盛的枝叶遮蔽的阴凉足以供人休憩乘凉。其实慈济的发展，不也像这棵大树吗？

慈济委员与慈诚队员依"四法四门"分为"合心""和气""互爱""协力"组队，期许人人一进慈济就能合心协力。慈济事多，人人各有责任与承担，有清楚的概念，真正发挥合和互协的良能，就好比大树有不同部位，有不同功能。

"合心"是"四法四门"的总持门，总一切法、持一切善，使慈济同修不离正知正见、明辨是非善恶，能持一切善法，就如树根抓紧大地，深入吸收土壤的养分和水分，给予大树所需的能量。

"和气"是和合门，和圣贤心、合菩萨道，使慈济人人以佛心为己心、以师志为己志，如轨如法地行于菩萨道，就像树干汇合树根吸收而来的养分，支撑起大树的成长。

"互爱"是观怀门，内观自在心、怀抱众生苦，向内观照自心，关怀身旁同心、同道、同志愿者，不被社会上形形色色的事所污染或诱引，恒以清净心怀抱众生苦难，就像树伸展枝叶，迎向阳光。

"协力"是力行门,力持诸善法,行遍人间道,秉持佛陀的大慈悲心,只要是听得到、看得见的苦难,都要尽心尽力救拔,就像树叶行光合作用,再由枝干传输汲取的养分,供给整棵树,并与枝丫协力成荫。

四法、四门各自发挥,更重要的是"四合一"。"合心"的根愈扎愈深,树干的"和气"有所承担,将养分与水分好好接收、传达到树丫,"互爱"有完整的规划,让树丫枝繁叶茂,使"协力"的枝叶纳垢吐新,净化世间。期盼慈济人皆发挥良能,让慈济这棵菩提树在台湾遍地生根,也将爱的种子播洒出去,造就庇荫众生的菩提树林。

## 合和互协·菩萨招生

广招人间菩萨、多向人说慈济,是希望让人人有机会引法入心。善的种子就是法，法入心而长养慧命，不论对自己的生活，或对别人的态度都会改变，能笃定人生方向而轻安自在；更多的人愿意行菩萨道，家家户户自然祥和平安。所以，慈济人将静思法脉入于心中，将慈济宗门行在脚下，步步不离菩萨道，用身教传承品德典范。

"合心"的意思，就是传承。若要传承法脉宗门的精神，必须清楚知道源头在何处、清泉从何来，才能使净化人心的法水、增长慧命的法髓不受污染。所以无论慈诚或委员都应提起使命，加强法亲关怀，照顾资深者、招呼新进者；法髓相伴、深入经藏，爱的能量即能从一而生无量。

由于"合心"组队通常相当资深，所以有的慈济人观念上仍认为："'合心'是长官。"其实慈济志工都是平等的人间菩萨。在慈济团体中，资深资浅不在于加入时间的长短，而在理解精神理念的深浅。常说"用心就是资深"，在慈济，人人应该都是"合心"，能娓娓道出志业的起源、发展，以及人间菩萨如何招生，并为人指引慈济的方向，使"旧法新知"。

"合心"，即掌握精神理念，与众分享，再由"和气"如拱桥般联系、传达，又有"互爱"时时关怀各组队，详细规划，最后由"协力"执行，充分落实、推广慈济精神。组队之间就像左手合心，右手协力，可以展开双手拥抱众生；和气、互爱在中间，就如地球的轴心，轴心运转，整体才会运转。

当互爱为协力规划时，合心、和气也要紧密陪伴，使慈济精神一脉相承。期盼每位慈济人都能体悟法髓，心境澄净，打开心门，容纳一切；而非执着于"委员""慈诚""合心""和气"……等名相，甚至自恃为组队干部，要求别人言听计从。要放下分别心，涤除习气,若只是用"一指神功",对人颐指气使,如此要打开心门就难了。

慈济之"和",来自人人心合。"心包太虚,量周沙界",不再有区域、你我之别。个人的力量有限,每个人只有两只手、十只手指,能做多少事?如果人间菩萨一起伸出援手,一只手、百只手、千只手、万只手;万众一心、万手齐力,可以帮助更多人!

规划组队的意义,是为了接引人间菩萨,落实小组关怀。在设立"合和互协"组队之前,一个委员组或是慈诚队若是成员过多,只凭组队长一个人难以照顾周全,毕竟个人关照的范围有限。于是我们将二十人左右分作一组"协力",人数不至于过多,组长可以密切关心,组员若有心灵烦恼或家庭困境,便能即时协助。

各协力组亦非只与同组成员亲近，几个"协力"可以组合成"互爱"，近百人互相支援，做"不请之师"。何处人力不足，前往协助，是名副其实的"协力"；组队间相互疼爱，跨过所属的区域互相帮忙，一起做好事，是名副其实的"互爱"。

例如台湾慈济人在农历七月倡导正信，希望在小区推广"不烧金纸、不杀生"的理念。一个月内要办许多活动，必须"合和互协"齐力，各组队没有高低之别，而是如同五指般合作无间。

又如有一年，新加坡与马来西亚的慈济人来到精舍，我向他们说："马来西亚幅员辽阔，有的地方已有数千名会员，要落实小区关怀——委员无须跑得太远，可以就近照顾会员。地方上的会员需要帮助，或是要举办义诊、义卖活动时，协力组队则一起协助；若是活动规模更大，则可多组配合，由合心、和气与互爱等组队联系、安排。"

协力的"协"字表示众人一齐发力，集合众人的力量才能成事。合心、和气与互爱的组员，并非让协力组队自己做，应在完成规划、联系的任务后，回归小区第一线的协力组队，听从协力组长分派工作，无论搬桌椅、做香积，都要亲力亲为。

例如资深的何国庆居士，早在我们筹备兴建花莲慈济医院时就投入荣董（慈济荣誉董事）的行列，现在他是慈济加拿大分会的执行长，也是当地合心组队的干部。他经历了印度尼西亚红溪河、南亚海啸赈灾，与协力组队一起在灾区帮忙整理。他心想："我是合心，但是当协力动员时，也要投入。"日后他也将这份精神，带至温哥华的慈济人培训中。

有一次，他轮值协力，负责香积。拙于厨艺的他先悄悄打听香积哪项最好做，以便从最容易的做起。最后他穿起围裙，戴起厨师帽，决定做蕃茄炒饭，结果既不会切、也不会调味，弄得一塌糊涂，幸好有其他师姊及时"挽救"，才得以完成料理。饭虽然烧焦了，但大家吃得很欢喜。

有了这次经验，何居士知道，原来做香积这么辛苦，不过他做得心得满满，旁人也看得欢喜，真如菩萨游戏人间。身为合心干部，同时能回到协力付出，去关怀、带动、投入，真的看到他慧命成长。

"四法四门"能"四合一"，组队间和谐地做慈济，从合心到协力，没有人脱队。合和互协，就是让慈济志业运作无碍的"理"，也是慈济团体顺利运作的最佳良方。

## 培养人才·法脉永续

慈济志业不能分散,所有的慈济人不要分你我,人人都是共同体的一员。我们脚下的地连在一起,头顶的天连成一片,身处于天盖之下、地载之上,彼此没有分别。要将爱汇聚,把正法传布到世界每一个角落。所以慈济人一定要共同一心,传承正道,静思弟子之间不要有意气之争,而是要顾好"传道"志业。

如何将人间菩萨志业延续?人才是关键。除了制度与管理,也要不断发掘慈济种子。全球慈济人中卧虎藏龙,所以,我们要仔细观察每个人的德行与才干,积极举荐,一起建立"人才库"。

我心中的理想人才,是谦虚自抑而非不可一世,是洁身自爱以涵养德香,是没有私爱的执着而能平等待人，是心量开阔且能克制脾气，是做事认真又与人无争，是言谈举止有威仪风度，是有学有德心地清净，是把握大原则而小事不计较……发掘、培养这样的人才，实在不易。然而事在人为，慈济志业要能绵长，需要如此专心致志之人。

慈济需要很多人才。在团体里，重要的是有人肯负责，能挑起责任。越不想承担责任，越会感受到压力；反之，若提起勇气担起责任，就无所谓压力。譬如举重选手，只要一鼓作气发挥力量，就不会觉得有多大压力；若迟迟不举起手，永远有提不起的压力在。

即使是人才，也绝非十全十美。在带人、用人时，应以平常心来对待。人非圣贤，孰能无过？成事不说，既往不咎，不过，还是要观机逗教。例如与我较亲近的人，应该要更加明白慈济的理念，倘若犯错，必须直言其非；至于离我较远的人做错事，多是因为还不甚了解志业精神，应想尽办法原谅。普天之下，没有我不爱的人；看待任何人，不要因为其他批评的声音，就认定某人不好、一无是处；对所有人都予以重视，没有亲疏之别。

栽培方向正确、具有理想的人才并不容易，留住人才也不简单。得知各领域的专业人才，因为感到不适意，或是人际关系起摩擦而离开慈济，便相当惋惜。欲留住人才，真的需要以"诚"与"爱"为原则，用"真感情"与人们打成一片，创造一个令人愿意全心投入的环境，有一份"家"的情感。

行于慈济路上，不是短暂地付出，而是恒持无所求的开阔心胸，将爱无限延展。所以资深的慈济人即使已经卸下干部的职责，也要继续行于菩萨道上，陪伴新进慈济的种子，使其方向没有偏差，或在后头推动，启发他们承担志业的心。

　　慈济之道，是每个慈济人自己选择的真实之路。这条路，岂是孤单的独木桥？若是如此，就称不上是菩提大道了。慈济，是由许多人的足力开辟而成的，同行于这条路上的每一个人，都要互相感恩、尊重，提携前后，扶持左右，一同用爱铺路，欢喜向前迈进。

# 卷四

## 风俗习尚
## 礼仪天下

# 第七章　礼俗淳良

中华民族固有的伦理道德，
是维系社会长治久安的根本，
这份传统文化不能遗失。
礼仪可格正人心，令风俗淳厚；
遵循古来的道德文化，丰厚礼仪的内涵，
促进民心安定，建设富而好礼的社会。

摄影/李白士

中华民族有丰富的文化，一年之中的传统节日如春节、清明、端午、中秋、重阳，一生之中所经历的婚丧祭祀、宗教典礼……背后都有其深刻的意义。

传统节日经常结合节气，搭配相关的仪式，具有中华文化独特之美。从前游子在外交通不便，唯有利用节日返乡与家人团聚。现在交通比较便利，过节时，人们常安排各种娱乐活动，尽情吃喝玩乐，四处旅游，传统节日的意义反而无从彰显，感觉人情日益淡薄。

许多孤苦无依的长者没有儿女家人团聚，每逢佳节倍感凄凉。多年来，慈济在节日前夕陪伴他们，例如过年时一同围炉，端午节送素粽，中秋节准备柚子、月饼，共享大家庭温馨和乐的气氛。

## 新年心年·劝善造福

中国的农历年节总是热闹温馨,从大年初一到十五,许多习俗蕴含着万象更新的庆贺、生活道理的教导,但是有些也颇令人费解。

例如大年初一去庙里"抢头香"。年节时亲友难得齐聚一堂,不妨温馨话家常,何苦漏夜排队,粗鲁地互相推挤、冲撞,倘若跌倒受伤,实在得不偿失。如果神明有灵,应该也会替人们紧张,想说:"不要抢!不要跑!不要推挤!"而且,只顾着一股脑儿地将整把香丢入香炉,炉里的香杂乱横陈,实无虔诚庄严可言。若能以心香一炷礼敬诸佛菩萨与神明,祈求天下无灾,发心立愿爱护大地众生会更好。

还有一种领发财金、抽福袋的风气,所求与所做,也有矛盾处。曾见新闻报道，有人为了买福袋，甘愿三天三夜在户外苦苦等候，什么事都不做，钱财会自动上门吗？

许多人也喜欢在年节期间赌博，认为"小赌怡情"，只是一旦沾染了赌，一不小心便无法自拔，最后则"久赌必输"。曾听一位居士分享，他花两万元买刮刮乐，起初刮中一万八千多元，但持续再买下去却一直输，最后只剩一千多元。人人都想要侥幸刮中千万，哪有可能人人皆如愿呢？

这些风气都让人看到一个"贪"字，文明社会不应随贪欲而流转。人们在少数几次赢钱的经验中感到快意，却没有意识到"输掉的"可能更多。走出迷茫的赌桌，将钱财用于对人、对社会有益的事物，世间会更平安有福。

遇到年节或重大庆典时，我们常燃放鞭炮、烟火。一时的灿烂只是过眼烟云，却对空气造成很大的污染。有人认为："天空这么大，这一小块污染应该没影响。"然而，近年来雾霾严重，这与放鞭炮、烟火导致空气污染不无关系。于是，有关部门已经明文禁止燃放烟火，以减缓空气污染。

　　在元宵节期间放天灯许愿，望着天灯冉冉升空、飘远，不久后，坠落的天灯成为垃圾，需要投入许多人力收拾。特别是台湾地小人稠，住家密集，天灯若落在屋顶或树上，很容易引起火灾。当人们在天灯上写下心愿，看着火光缓缓上升，祈求愿望成真的那一刻，是否想过可能带来的祸患？

　　其实，我们可以试着过不一样的年节——过"新"年，更要过"心"年。例如环保志工在春节假期，选择努力付出，加紧疼惜大地。由于传统除旧布新的观念，过年期间环保站的家具、衣物常常囤积如山，其中甚至有全新品。志工将回收物一一分类整理后，再与需要的人结缘；哪怕是除夕夜，家家户户围炉团圆，还是有人留在环保站，真的做到全年无休。

志工们的年节假期不虚度，把握时间为人群造福。有的慈济人走进小区邻里，挨家挨户祝贺"新年快乐"，还请人抽"静思语"签，希望人们开春就得到吉祥与祝福；或是关怀独居老人、孤儿，准备素食料理一起围炉，温暖社会暗角每一颗心。

一般公司行号会在年节前后举办尾牙、围炉或团拜等聚餐，不免上馆子或办外烩。仔细想想，餐会未必要大吃大喝，若能用心安排，同样享用一餐，又能带动公司的人文气息，反而更有意义。

苏州有位吴居士，他的公司员工上万名，工厂遍及各省，在岁末尾牙围炉时，选择以素食宴客，并用环保碗筷结缘，希望人人用餐后能将餐具带回，重复使用。举办新春团拜时，也积极倡导环保理念。其他厂商都很认同他的做法，也愿意在自己的公司推动。吴居士利用新春礼俗，以身作则带动茹素与环保，发挥了一定的影响力，令人耳目一新。

## 天清景明·追思感恩

西方国家有感恩节，而中国传统文化中的清明节，可以说是我们的感恩节。因为对于已逝长者的追思，总是带有一份感恩。

"追思"并非等到往生后才开始，"追"的意思是面对过去，只要是长辈的教诲，都应该时时铭记在心。例如，父母健在时，日日问安，天天表达感恩；父母往生后，对此大自然的法则要看开，但毋忘双亲的生养、栽培之恩。

我们缅怀先人、慎终追远，多借由准备丰盛的三牲五礼，焚烧大量纸钱的形式表达。根据统计，台湾地区每年平均烧去约二十六万吨的纸钱，光是清明这一日的焚烧量就占了大半。烧了这么多纸钱，浪费资源、污染空气，更危害人体健康。烧完纸钱后，火苗若未熄灭，星星之火也可以燎原，每年都发生好几起因焚烧纸钱而引起的火灾，这样的礼俗，需要好好省思、改变。

试想，人往生后舍此投彼，不需要也收不到子孙烧的纸钱；倘若祖先真的长守在荒凉而杂乱的墓地，子孙却每年只来探望一次，应该也会感到儿孙不孝、没有人情味吧！

清明节打扫先人墓地的礼俗固然好，但是如能时常前往探视，而非每年挤在这一日去杀生、设祭、烧纸钱，应该更理想。此外，真正的"追思祖先"是不废旧礼，奉行古训，涵养道德；"慎终追远"是行大孝，善用父母给予的身体，利益人群，行善付出，将功德回报给父母。如此"守礼厚德"才能"彰显祖德"，就是最好的追思与孝顺。

## 端午素粽・人情馨香

每逢端午，慈济人常借着包粽的习俗传递爱的能量，例如精舍的常住众也会包素粽，送给基督教、天主教的赡养院与孤儿院，感恩修女、神父及牧师和我们一起关心苦难人。

在台湾地区的六家慈济医院里，则有志工教人将香包绑成粽子的形状，有专业的医师、营养师实时卫教，分享吃粽子需注意的事项，并鼓励大家用当地生产的食材，吃得既营养又健康。

福建福鼎医院和台湾慈济医院一样，医护人员随着志工一起动手包粽子。他们在洗粽叶时就留意水源，特地选在当地最干净的溪流。一群人从大清早弯着腰洗到傍晚五点半；隔天，包好、煮熟的粽子随着慈济人的足迹，送到病患、照顾户手中。小小的粽子，带着浓浓温情，让孤单无依的人们也能感受过节的气氛。

可口的素粽，传达了健康的素食理念；粽子义卖，可以启发人们的爱心。慈济人包粽义卖推动了十多年，号召当地无法返乡过节的台湾商人，一同参与。

台湾商人借由这个活动联系感情，汇聚点点滴滴的爱，也能发挥很大的力量。

北京有位叶居士，本来经营荤食餐厅，认识慈济之后，感觉厨房里杀业深重，慢慢想结束营业。有一年，他慷慨地提供自家餐厅的仓库，邀请志工来包素粽；加上天津也有位罗师兄提供自家场地，鼓励员工积极参加，自己也投入志工行列。结果，那一年，北京包了两万多个粽子，天津有近一万三千个。包素粽义卖，联系了情谊，启发了爱心，义卖所得也让需要帮助的人得到帮助，可谓一举三得。

## 中秋团圆·心月清圆

亲友团聚赏月，原是圆满惬意的事，然而，在台湾不知何时却变了调。每年中秋将至，媒体就不断播放烤肉赏月的讯息。烤肉需要木炭，一公斤的炭需要六到十公斤木材制成，家家户户烤肉，不知道要砍多少树？会不会就此消失了一片林？何不静下来赏月，让内心亦如明月圆满清凉。

中秋节过后不久便是重阳节，常见志工趁此佳节前往养老院分送月饼，同时为老人家按摩；或者到独居长者家中，为他们擦澡、协助打扫卫生，把握时间发挥敬老的精神。有些长者虽有儿女，但分居在外，需要我们多多关怀照料。家访时，老人家紧紧拉着志工的手久久不放，仿佛见到亲人回来……

对慈济人而言，中秋节还有特殊意义，在这一日，全球各地人医会的成员都会回到花莲相聚一堂，参加国际人医会年会，互相切磋医术，分享义诊心得。

曾有人建议将国际人医会年会改在春季或冬季举办，我仍坚持中秋，是念及一份旧情。

一九九六年九月下旬，菲律宾吕秀泉医师带着投入当地义诊的医疗团队来到花莲，时逢中秋，我问他："是不是可以每年都回家共度中秋呢？""没问题！回来都很开心。"从那时起，他们年年于中秋归来，无论晴雨，相聚总是欢喜。

二〇一二年吕副院长往生，再也看不到他的身影。想起他从一九九五年与慈济人结缘，同感苦难人因贫而病、因病而贫之苦，便开始在任职的崇仁医院为周遭贫病者施医施药，渐渐带领医疗团队至离岛义诊。哪怕环境再简陋，热情的医师还是善用空间为病人诊断，甚至进行简易的甲状腺或肿瘤切除手术。每次义诊完，我都会接到吕副院长的电话，听他分享当日各科看了多少人，欣喜于这些病人因此解脱病苦。那一份长情大爱，令人尊重与怀念。

中秋佳节，天上月圆，人心也圆，更希望人医大团圆。海内外齐聚的医师们好好互动，彼此勉励，在慈济这个大家庭中，同享中秋月圆的美景与团聚的温馨。

## 成年之礼・誓愿宏深

一如节庆风俗具有意义，人生许多大事，有隆重的典礼和仪式，其中的内涵同样值得我们深思。

早年的台湾地区，孩子成长至十六岁即被视为成年，需接受不同的教育。现在的学生，也应举行"成年礼"，启发他们投入社会的使命感。

例如医学系有授袍仪式，护理系有加冠典礼。医学系的同学，在仪式上宣读医师宣言，挂上听诊器，象征与患者的生命连结；护理系的同学，戴起护理师的护士帽，展现纯洁亮丽的形象，以及无私大爱、尊重生命的护理精神。

在慈济，还有师资培训中心的授竹典礼，以及传播学系的授袍典礼。医师、护理师是守护生命，教师与媒体从业者则是志于守护人们的慧命，同样要负起对社会的责任。所以，同学们一字一字念出誓言，将誓言刻于心版，坚守志愿，是很神圣的一件事。

然而，现在有些学生对于参加典礼，颇为随便，甚至有学校的毕业生呼朋引伴将书本从高楼扔下，如此对待曾经协助自己习得知识的书本，很不恰当。

尤其，每个求学阶段的毕业典礼，一生都只有一次，应该心怀感恩，态度庄重。

慈济学校的毕业典礼，在祥和宁静的气氛中，同学们穿着端庄的毕业服装，校长、老师颁发毕业证书，一一拨穗，家长们从各地齐聚学校观礼，给予年轻人深深的祝福。

典礼仪式并不复杂，毕业生演绎《跪羊图》向父母表达孝心，演绎《方向》《慈悲的心路》祈愿将来的人生，能力行歌词中的道理；师长则回应手语歌《叮咛》，声声嘱咐，师生彼此感恩。相信同学们毕业后，永生难忘如此隆重的毕业典礼。

## 婚宴从简・善行为重

婚礼是许多在家居士人生中重要的礼仪之一。慈济医院曾经办过一场独特的婚礼。一对男女同居十多年了，有五个孩子，但他们认为两人感情好就行，无须重视表面的形式，所以没有举办正式的典礼仪式，也未登记结婚。

后来，这位男士罹患淋巴癌，来到大林慈院就诊，尽管医疗团队已经尽心尽力，情况仍不乐观。在医疗志工的陪伴下，他说出心里话——希望能给太太正式的名分，也给孩子们一个"有名有实"的爸爸。孩子都上小学了，可是户口簿上却写着"父不详"，孩子们也感到奇怪，爸爸明明在家，为何会是"父不详"？所以他终究希望将家庭导入正轨。

于是，医疗志工为他们举办了一场别开生面的婚礼——由院长担任主婚人，慈青当花童，白衣大士、行政同仁还有其他病友来观礼。虽然过程有些感伤，但总算温馨地完成了他们的终身大事。

婚礼是给新人终生的祝福，招待亲友的宴席若能素食不杀生，不但增添福气，也造就功德。台南有位实业家谢居士，生意遍及全球。娶媳妇时，宾客多达一百七十桌。茹素的他曾担忧：筹办素食婚宴是否显得吝啬、失礼？但是最后仍坚持护生的理念。

为了办好婚宴，他多次亲自试吃，也请人试菜。他还请慈济的师姊协助设计宴席，以静思人文的出版物、静思茶和环保筷作为婚宴礼品赠予宾客，推广素食与环保；婚宴所得礼金，则全数捐出，作为海地赈灾的善款，圆满一场富有人文的婚宴。

也曾见环保志工筹办了别出新裁的婚礼，新郎身穿慈诚西装作礼服，新娘以慈济的"八正道"服装为婚纱；婚礼上，用环保站回收的饮料铁罐绑在脚踏车车尾，拉出铿铿锵锵的声响，代替鞭炮声；婚后的蜜月旅行，则是到慈济医院当志工。没有华丽的排场，没有丰盛的宴席，如此与众不同的婚礼，既简朴又环保，同样得到众人真心的祝福。

菲律宾慈济志业的负责人蔡居士，全家三代都投入慈济，当他的大儿子要结婚时，当地遭逢严重水患，一家人心想，结婚是两个人成立一个家庭的事，救灾却是天下事，灾民那么多，不如婚宴从简，将人力与资源集中在救灾工作上。

所以，他们在慈济园区里简单布置，作为婚礼会场，以茶点招待来访宾客，并结合慈济的讲座，向宾客劝募义诊与赈济水灾的善款。我问新人："结婚是一辈子的事情，婚宴这么简单，你们觉得怎么样？""我们觉得很好呀！再豪华的婚宴，过了就忘了；把钱省下，用于救济，一辈子都记得，很有纪念意义。"这场喜事结合善行，有更多人为他们祝福，的确难忘。

回想慈济刚成立时，委员慈诚家中嫁女儿、娶媳妇，我们就以贴有"双喜"字样的礼品表示祝福；现在，慈济人可以带新婚的子女参加委员、慈诚的聚会，大家为新人准备茶水、点心，重要的是让新人接受众人的祝福，感受到"有这么多人用爱呵护我们，真好"。慈济法亲之间，无须烦恼包多少礼金、如何请客，君子之交淡如水，法亲之间也是如此清净、透明。

## 人生最后・心安灵安

面对丧礼,要"生死皆自在"。生死乃是自然法则,我们要学习的是坦然。

有位魏师姊,母亲在她参加慈济营队活动时安然往生。魏妈妈虽然长年卧病在床,但是子女勤于照顾,全身上下没有一点儿褥疮。我对魏家人说:"她的因缘已到,所以乘了因缘而去。"

魏妈妈生前有意愿捐赠遗体,成为医学生学习解剖课程的无语良师,无奈身体条件不适合,于是往生后几日,家人就将她的遗体火化。魏家人认为,母亲在世时及时孝顺,让她天天欢喜;母亲往生后,无需特地看日子,只要等家人齐聚,即可将母亲遗体火化。来时无一物,去时也带不走任何东西,在世的人们无须牵挂。

魏师姊一家平日与人广结善缘，许多慈济人得知消息后，主动前往助念，让魏家人很感动，也很宽心。所以，魏家不举办追思、吊奠、告别式等活动，不愿劳动他人，也不多花费金钱，省下来的丧葬费，全数捐出做慈善。

举行丧葬仪式的场合，若过于喧闹，并不妥当。出席丧礼应该具有同理心，丧家挚爱之人已经往生，悲恸至极，不适合在此时与人随意寒暄、闲话家常。例如，喜好音乐的孔子参加葬礼，则终日不歌，这是对丧家的哀伤感同身受，也是通情达理的表现。

与家属同悲，哀而不伤，亦不宜随之大声哭号。告别式上助念，宜庄严肃穆，声色柔和，唱诵的韵调与人和谐即可；虔诚念诵，舒缓家属心情，转为平静及追思。

助念是人们以至诚的感情和关怀的力量，让生者心安、亡者灵安，也是法亲之间情谊的陪伴。还记得花莲慈济医院首任院长杜诗绵居士往生时，他有一位信仰基督教的友人，作了一首曲子《佛光无边》，就是现在慈济人唱的《大爱无边》。在杜院长的告别式上，从开始到仪式结束，都是用这个旋律，众人齐声唱诵，令人感到平静安详。

丧礼注重的是表达感恩与追思的心意，因此，有些仪式蕴含人文，具启发、教育的意义，更应虔诚慎重为之。例如慈济大学的学生为"无语良师"入殓、送灵、火化、入龛，每个仪式都恭敬行礼，隆重庄严。

记得那年，无语良师火化前夕下着毛毛细雨，医学院的教授们依然带着同学到慈云山火葬场，将环境打扫得干干净净。这行之有年的惯例，都是对无语良师的感恩、尊重与追思。

无语良师布施自己的身体，启发同学对生命的尊敬，陪伴他们精进医术，一刀一痕，铭心于医道；一针一线，缝合病苦的缺陷，牵引从医的长情。同学们走访无语良师的家庭，了解其生命故事，以一篇篇诚挚的文章，叙述老师们的一生。在追思感恩会上，我们看见动人的师生情，也看见教育传递的人道精神。

## 祭祀尽礼·普度众生

传统中华文化重视祭祀，然而现今有些祭祀礼俗失去了原本的内涵，反而使人心更加迷茫。如农历七月，民间流传中元"普度"，祭拜"好兄弟"（孤魂野鬼）的习俗。其实"普度"源于佛教的典故"盂兰盆会"，是目犍连尊者救母脱离饿鬼道的故事。盂兰盆会的精神，是"救倒悬"，解救苦难众生。所以，中元"普度"的真义，应在于"普遍度化众生"。

众生之苦，宛如倒悬。试想，我们人类以双脚站立，若是头下脚上倒吊空中，必定痛苦万分；然而民间普度，非但不救倒悬，反而让众生受难。台湾有句俗谚："七月半鸭，不知死活。"即出于人们在农历七月十五，以鸡、鸭、鹅作祭品，或送往屠宰场，或在自家割断他们脖子放血，尚未断气即丢入烧好的滚水中，烫熟后再全身脱毛……为了"普度"，虐杀了众多生灵。

曾经看到一则新闻报道：广西某处，为了中元节一日，就要宰杀十万只鸭祭拜。光是鸭就有十万只，若加上其他牲礼，究竟造作多少杀业？待宰的生命不断哀号，如此残酷，哪能求得吉祥？真要普度众生，应该让一只只倒吊、悬挂着的生命不再惶恐，得以安度一生。人类减少杀业，也能活得更加自在。

农历七月，台湾民间信仰中还有客家人义民爷的祭典。其中有项"赛神猪"的传统，是将猪养到三四百斤，甚至六七百斤，作为祭拜的牲礼。饲养的方式与过程很残酷，对猪强行灌食，让它肥到四肢变形，无法站立，在窄小的栅栏中，等待生命尽头来临。

近年来，渐渐有善心团体与客家子弟恳切呼吁：祭祀敬神心诚则灵，应该尊重生命，取消残忍的"赛神猪",用其他方式来表现客家文化。他们的悲心,令人感动,这样的呼吁,值得赞叹。

从前大多数人生活贫困,多少是借过节祭鬼神的理由来满足口欲;现在,物质生活丰裕许多,像是改革"赛神猪"习俗的做法,应该多多提倡。

就佛教而言,农历七月是僧团圆满结夏安居的"吉祥月""孝亲月""感恩月"。慈济多年来持续推动"七月吉祥月",倡导茹素护生。疼惜生灵,最好的方式就是素食。

特别是现在许多畜牧、养殖业者,为了加快动物成长速度,大量使用化学药剂刺激生长,一旦人类食用这些动物,等于将残留在动物体内的药剂一并吞下,也是病从口入。假如我们不吃肉,动物就无须陷入不断繁殖、不断被杀的循环之苦。科学家也证实，畜养食用牲畜，排碳量大增，造成环境的污染，实在得不偿失。所以，茹素可说是真正做到"救倒悬"，护生同时保护了大自然和个己身心的健康。

为了祭拜，民众焚香、烧纸钱，却制造了二氧化碳与各种有毒物质污染空气，这种风俗也很需要改变。

许多人误以为焚烧纸钱祭拜鬼神，生活才会平安，做生意才能赚钱。这种做法不就是贿赂鬼神吗？无形的鬼神又怎么会接受我们的利诱？曾听一位长者说："不用烧金纸，死人不用钱，神也不用钱。"不如将买纸钱的钱，用来做好事，救济苦难人，为人间付出，与人多结善缘。

欣见社会上许多宗教团体响应环保，停止这样的做法。如台北市行天宫香火鼎盛，过去经常烟雾弥漫，现在则提倡双手合十祈祷，呼吁信众诚心诚意即可上达天听。

只要戒慎虔诚，心香素果即可表心意，无须杀生、铺张祭拜。以虔诚的心尽善、尽孝，日日普度己心、普度天下苦难众生，就是最好的祭祀。

## 礼佛浴佛·开启佛性

每一种宗教，都有其展现宗教内涵的仪式。佛教徒的"顶礼"，是虔敬三宝，折服我慢；"绕佛"、"绕法"，则收摄身、口、意，借由规律的脚步、合齐的唱诵，训练威仪，"摄心常在法"，涵养道气；"朝山""浴佛"，是透过仪式沉淀自心，找回本性的清净，带动、教育人人净化己心，从而发挥无私大爱。

每当佛诞日前夕，总有许多慈济人来到静思精舍朝山。清晨五点多，人们随着佛号声，一步一拜，秩序井然，往同一方向前进。那几日天未亮，我在前往大殿讲经途中，便能听见有规律的念佛声，由远而近，平缓而悠扬。

当我步入大殿礼佛毕，坐上讲台，看人人如如不动，有种静寂清澄的氛围；而朝山队伍一步一佛号，音声和谐自然，也感觉他们内心没有妄想杂念，步步精进。

朝山需要耐性，沉住气，配合前后左右的步伐，缓缓前行，控制脚力，维持一定距离，团队才能和齐。一步一拜，满怀虔诚，也调适每个人的心念。

长久以来，许多人误以为佛教只是前往寺院烧香拜拜，佛、菩萨就会庇佑，其实佛陀的教育并非如此。佛陀教育我们：人人都有与佛同等的智慧，皆有觉悟的本性，真正学佛、菩萨，是反观自性，向内寻找。

寺庙的"佛、菩萨"，只是木雕、铜铸或泥土捏制的塑象，是信仰的表征。这些佛像，是否真的是释迦牟尼佛的样貌，我们无需执着。人人心中有佛，只要虔诚，处处可见佛像，重要的是理解佛陀的觉悟之性，也是佛法智慧的方向。

我们"不着外相"，但是可以借由宗教之美，让更多人认识佛教的精神理念，就如君子由外在的形象，展露自身的德行，影响、带动他人。所以慈济在大型的户外场地举办浴佛典礼，以和谐优美的形象、庄严的仪式撼动人心，呈现佛法的真与善，期望佛诞节能成为普天同庆的节日。

佛诞节前，慈济人皆虔诚祈祷浴佛典礼顺利，能接引更多人认识佛陀，进而接触正信佛法，让法入心，回归真如本性。为了让大众感受道场庄严，佛弟子合和互协，呈现道气，在浴佛前紧锣密鼓地准备，发挥创意与智慧，设计真善美的图腾，引导人们排列队形，使大众放下自我，与他人交集于同一个动作与方向，呈现万众一念——浴佛的虔诚。

静思精舍师父们前往花莲静思堂彩排，慈济人也会在各小区先行演练，再整队排出浴佛时的图腾，更感恩有各道场的长老、法师护持，圆满浴佛典礼。

有一年浴佛典礼彩排，来自不同道场的二百多位法师不避风雨,在中正纪念堂的台阶上不断调整彼此的脚步,以求合齐划一。看见法师们雨中彩排的画面,不由自主地双手合掌,由衷地感恩法师们以身弘法。

在佛诞节,佛弟子以浴佛仪式,虔诚礼赞宇宙大觉者来到人间,指引我们正确的方向。其实佛陀本性清净,无须凡夫用水清洗佛身,因此,慈济的浴佛,是模拟佛世时顶礼佛陀所行的"接足礼"——弯腰礼敬,以额头轻触佛足,伸出双手,再将手掌翻上,观想以双掌迎接佛足,表达谦卑与虔诚之心。过去以大汤盘的方式,沾香汤、接花香浴佛;近年来,考虑卫生与省水,改以"福慧足"喷雾代替香汤,在熏香中圆满礼佛足的仪式。

为了让活动不便的长者也有浴佛的机会,我们会至赡养中心或者长者家中举办"行动浴佛",将浴佛仪式移至老人家面前,完成他们浴佛的心愿。

近年来,浴佛仪式在海外各地举办,志工在自己的居住地浴佛,让世界各个角落都呈现佛诞日庆典的盛况。

欣见海外慈济人广邀不同种族、宗教的人们参与浴佛。在印度尼西亚,有一年浴佛节出现特别的景象——一群头戴白帽、身着蓝衣黑裤的青年,穿梭于浴佛典礼的会场,负责引导大众入席就位,还从旁协助众人如何"礼佛足,接花香"。他们是努鲁亚伊曼习经院的学生。

努鲁亚伊曼习经院是伊斯兰教的学院,多年来与慈济结下善缘。每当慈济有活动时,他们也会来做志工。宗教信仰虽不同，但爱是相同的，以爱互动，转动了法轮，也让慈济精神、宗教大爱，遍布各地。

新加坡的浴佛典礼，由各宗教的长老、教长和信众共襄盛会，汇聚爱的能量为世界和平祈祷。当地主要的宗教是天主教和基督教，许多人并非佛教徒，只是受到慈济人邀约，前来观礼。然而现场庄严的场面震撼人心，让他们主动表达参与的意愿。

身为天主教徒的新加坡副总理，对慈济很肯定。原先他只打算观礼，后来便问起如何浴佛，慈济人回答："很简单，只要两分钟，三个步骤——礼佛足、接花香、祝福吉祥。"于是他也亲自体验浴佛。

看见不同宗教信仰的人们能够互相尊重，相处和谐，共同为净化人心、利益人群而努力，实在倍感温馨，感觉世间充满希望。

菲律宾慈济人邀请参加浴佛典礼的来宾，于典礼前茹素一百零八餐——差不多是一个月时间。浴佛当日，同时发放白米，并举办为父母奉茶、浴足的活动。近两万人的集会祥和平安，宣扬行善、行孝不能等的理念，同时虔诚感念佛恩、亲恩、众生恩。

非洲虽然是慈济人较少的地区，但是大爱无疆，慈济种子依然在非洲大地萌芽。例如南非志工跨国关怀斯威士兰，发放白米物资外，也开启一扇扇心门，培训本土志工，陪伴他们关怀小区里更穷困苦难的人，体会付出的快乐，启发了心灵财富。

当地人对佛教不甚了解，慈济人即带领他们举办浴佛典礼，克难地在简陋的桌上敬供佛像，用盘子装香汤,绿叶铺设装饰,完成"礼佛足""接花香"所需的场地。他们在浴佛前先绕佛,虽然经验不丰富,但是右脚、左脚随着韵律前进,动作之整齐,不亚于其他地方的慈济人。

莫桑比克的浴佛同样克难,要"沾香汤",却没有容器可盛装。于是他们将椰子对半剖开,以椰壳作为盛装香汤的容器;以面包树的叶子充当放置鲜花的托盘;用宝特瓶的瓶盖,倒一些油,沾上棉芯,做成烛台;用香蕉叶铺设地标,排出礼佛队形……灵机一动,各种巧思布置,庄严的浴佛会场就完成了,人人欢喜赞叹。

津巴布韦的浴佛,既别开生面,又如规如仪。有一年,我对海外慈济人说:"各地都有慈诚队演绎'行愿'(编者按:以手语及肢体动作演绎电影《鉴真大和尚》的"行愿"段落情节），你们回到侨居地，也可以试着带出当地的法船演绎队伍。"接着我看向一旁津巴布韦的朱金财居士，他立刻回答："没问题。"那年，他还要筹备四千五百人的浴佛典礼。

为了演绎鉴真和尚经过五次危险，仍矢志渡海弘法的毅力，朱居士在排练时告诉当地志工："你们排练的是一艘船，在海面上遇到大风浪而翻覆。"要他们用肢体表现出船只随着海浪起伏摇摆的样子。由于津巴布韦是内陆国，大多数人一辈子不曾出国，不曾看过海和船，难以理解。朱居士唯有不断描述，并播放大爱电视台拍摄的海景、船只的影像，让志工们从想象中体会。

他们为了圆满浴佛，克服许多困难，真如鉴真和尚将佛法自中国传至日本，经历种种难以言喻的艰辛。然而那年浴佛，看到一颗颗"黑珍珠"身着白衣，化身为一艘黑白分明的法船，他们个个动作整齐，甚至用中文唱诵经文，完美演绎。可见只要用心用爱，人人皆能参与和感受礼佛、浴佛的庄严。

综观全球，佛诞节有数十万人参与浴佛。感恩不同国度、不同人种、不同宗教的人们，同一念心、同一个动作，缩小自己，成就宗教之美，不仅展现人类的合和互协，也虔诚祈祷世界平安。

# 第八章　民德归厚

教育不只是知识的传授，
成就学问并不意味就是"人"。
良好的生活教育，
才得以形塑人格、品质。
从外在衣食住行的规范做起，
渐次内化为自律的品性。

摄影/潘玉玺

多年前，凡那比台风过后，我前往慈济的学校探视，见小学生活泼可爱，遇到访客即九十度弯腰鞠躬。当初办学，就是期待人与人之间能充满如此美好的互动。假如孩子见了人就走避，或冷漠不打招呼，难免被人批评"没有家教"，也是生活教育出现断层的征兆。

"没有家教"，是因为有的人疼爱子女，但不懂得爱的方法。溺爱，让孩子不知长幼之序，疏忽了应有的人情、礼仪、伦理。孩子不乖，又不加以教育，不思以身作则，这都是错误的观念。

然而，纵使家庭缺乏管教，校园、社会教育也该设法加以补救。教育若能"入心"，让孩子们了解有礼、有理的重要，就像移植骨髓般，能够改变命运。

传统礼仪教育的精神,同样适用于现代,期盼教育传承"礼教和敬",让每个人明白礼貌虽然表现于外,却源于内在是否明了道理。

## 教之以礼・育之以德

好的教育能秉持"教之以礼,育之以德"的理念,栽培出形象整齐洁净、态度和敬有礼的孩子,给予人们正面的观感。如何让礼与理让人看得见、体会得到,是教育的艺术;能够发挥礼与理,就是教育的真谛。

犹记得台南慈济小学刚成立时,我在讲台上看见同学小小的头、小小的手随着嘈杂的声音此起彼落,没有片刻安静下来,好像一群小麻雀,要向他们说一句清楚的话也不容易。看着孩子们可爱中带着调皮，心里开心却又有些担忧。

来年再到台南慈小，所见已经大大不同：过去的小麻雀脱胎换骨，个个温文有礼、仪态大方；走近讲堂时，没听到半点儿声音。我心里还纳闷着，不知孩子们到了没有。往里面一看，小朋友井然有序，已坐定位，个个坐得笔挺，双手齐放腿上。

典礼开始后，校长、老师、家长依序上台分享，我耳朵听他们说，眼睛看着孩子坐得有如老僧入定。想起去年，就算校长喊着："同学们，安静！安静！"却怎样也静不下来的情景，相隔数月，竟有如此大的转变。

某一年，大爱电视台前往慈小拍摄，正逢用餐时间，看见同学们取餐的队伍不发一语，借由大拇指表示"多"与小拇指表示"少",以及同时伸出大拇指、小拇指表示"中"等三种手势,向负责盛菜的小志工表达需要的分量。用餐过程中,没有碗盘碰撞声,也没有喊叫声,人人"龙口含珠、凤头饮水"仪态优雅,不管从哪个角度看都美。

也曾看见一张照片拍到慈小下课时间,孩子们荡秋千、溜滑梯,旁边还排着长长的队伍。有人好奇地问:"为什么要排这么长的队伍?"孩子们答:"荡秋千要轮流,每个人只能玩一会儿,所以要排队。"

还有孩子下课时间自愿当志工,在体育器材室将体育用品借给下堂课要使用的同学。大爱台的同仁问小志工:"你这样不就等于没有下课时间可以玩了?"她却说:"我从来没有下课过,能帮大家服务就好!"

她的回答，让我想起"九·二一"大地震时，曾有人问及慈济人如何动员？其实慈济人从来没有休息过，所以不需要特别动员。对小志工而言，下课只是一个词语，一种概念，丝毫不放在心上。她善用时间，发挥人生的良能，也展现了慈济人文教育的成果。

每到慈小，总让我觉得未来很有希望。有一回，一位男同学为我导览，边走边聊，才知道他刚转学到慈小不久。我问："你为什么要转学来呢？""因为我喜欢慈济，爸爸妈妈也希望我到慈济。"

经过厕所门口，他忽然说："请师公等一下，看看厕所。"探头一看，不仅干净清洁，还有许多花草点缀，美化空间。曾听闻其他学校有家长宁可花钱外聘清洁人员，也不愿意让自己的孩子在学校打扫厕所，令人十分不解。传统教育中，孩子晨起就要洒扫庭除，在慈小，扫厕所也绝非惩罚，而是借此培养服务人群的荣誉感。导览同学也说："厕所是由表现良好的同学负责打扫的，这是我们的荣耀。"

那次突然到访，许多孩子热情地围绕身旁，那位担任导览的男孩还充当交通指挥："同学们！队伍请排好。"好像小小慈诚师兄，一旁的慈诚队甚至说："他的身段比我们还柔软。"

由于对慈小的孩子们赞叹有加，老师对他们说："师公很夸奖你们，因为你们并非事先彩排，表现得同样温和有礼。"同学们说："有啊，平时校长、老师如此待人，我们就边看边学。"老师以自己的行为作为身教；同学受教奉行，将品格典范落实己身，处处可见教育人文之美！

曾有人质疑："孩子教得这么乖，以后如何与人竞争？"其实，社会的运作无须处处竞争，人人循规蹈矩，做正人君子，不就是理想的社会吗？"十年树木，百年树人"，看见孩子因接受教育而转变，开启无穷希望的人生，心里有一股难以言喻的喜悦。

## 生活教育·自幼扎根

教职人员用心付出，往往能改变孩子。慈济教联会中有位李校长，多年前曾在某所学校任教，该校学生逾六成来自破碎家庭，有近五十位中辍生。问她为何前往任教？她回答："一来我的专长是辅导，二来我是慈济人，我不去，谁去？"就任后，将学校经营得像温暖的家，寻回许多中辍生。

后来李校长转任中和一所中学，每天站在校门口,笑脸迎向孩子们打招呼。身为校长的她以身作则,渐渐建立起有礼貌的校风。

在川震过后,慈济走入灾区救援,看到地震震碎了许多学校,于是援建十三所中小学,期盼帮助孩子早日安心上课,也因此见证了校长、老师如何投身教育,写下动人的篇章。

前进慈济小学的宋校长,在校园重建前,即以校为家,既要整顿学校,又要照顾学生,一路走来,名副其实地做到闽南语俗谚"校长兼撞钟"。有一回,他来到花莲参访慈济,深受感动,宋校长回到学校后,为了教育孩子建立生活规矩,亲自为住校生示范如何叠棉被。同学们叠的一床床的"豆腐干"整齐划一,宛如受过训练的军人。

大爱台的记者前往采访时,看见他们有纪律的生活起居,很是震撼,但也不禁怀疑,是否因为有媒体采访,才特地做样子。采访后几日,出其不意地回到学校宿舍,果然和几天前所见的一模一样——房间整理得有条不紊,毛巾整齐洁白,甚至连漱口杯内的牙膏、牙刷都朝同一方向。

记者好奇孩子们是如何达到校长的要求的。原来维持环境整洁,光是一个人做不来,必须发挥团队精神,互相协助,一双双小手你帮我,我帮你,一同造就亮丽的环境。用心的宋校长,以及这群来自偏僻山区的孩子,实在令人又敬又爱。

## 古礼传承·典范流芳

佛教是泰国的国教,许多国民崇尚佛法,社会上也保留了许多历史悠久的古礼。在当地虔诚佛教徒的家庭中,一家人每日睡前都会先礼佛,然后静坐片刻,静下心来,并且自我反省:今天有无过失?言行是否失态?待人处世有没有逾矩?为人父母是否做好孩子的榜样?为人子女是否孝顺父母、尊敬师长?

我曾鼓励泰国慈济学校的校长:既然成立学校,就要担起教育的责任,传承泰国传统优美的人文礼仪。脸上常挂微笑,好似照镜子一般,你笑我也笑,互传善意;日常言谈,用词典雅,展现斯文有礼的气质。

平时,学生若从老师面前经过,须稍微弯腰颔首以示敬重。每逢敬师节,学生便遵循古礼向师长顶礼,并以亲手制成的花盘、串珠,赠予老师表达感恩；老师也为学生绑上白棉线，在他们额头上点石灰香膏，耳朵别上杨甘子叶，还礼祝福。

泰国政府有很长一段时间，希望能找到适当的教育方式，重振传统美德。二〇〇七年，泰国教育部来台湾地区参访，慈济的人文教育引起他们注意。他们返回后，经过多方研议，希望能将慈济教育带入泰国。二〇一二年七月间，他们邀请全台湾地区的中小学督学，以及佛教学校教育负责人共两百余位，至泰国芳县的慈济中小学观摩。

观摩日当天一早，学生的交通车抵达学校时，只见同学们依序下车，两人一排，自动成列，长长的队伍整齐前行。升旗典礼由学生主持，不论从哪个角度看都很整齐。午餐时间，有小志工帮忙盛装饭菜，头巾、口罩等装备一应俱全，符合卫生与规矩；

用餐时展现了进食的威仪，既美观又有人文。

学生们在学校的生活规矩，让参访的教育界人士看了很有心得。他们把一天的见闻带回自己的学校，相信能让教育的种子，传播到孩子的心田。

## 童蒙之学・始于礼义

邻近泰国的马来西亚，慈济的幼教办得非常好，许多家长都向老师反映：孩子回家后变得很有礼貌，很懂得生活规矩！

良好的童蒙教育，并非一味哄骗，应说幼童听得懂的话，用巧妙的譬喻、温婉的言词，让他们愿意欢喜接受道理，吸收善法。

例如马来西亚慈济幼儿园的老师为了让小朋友树立惜水的观念,刻意暂停供水一日,并用问答方式引导孩子:"小朋友,今天没有水。但是上完厕所要洗手,才能来吃东西。""没有水怎么办呢?""我们是不是要自己去提水?"

于是老师教导孩子如何挑扁担,二人一组,一前一后合力挑水。小小身躯走起路来摇摇晃晃,好不容易挑一趟水回来,还要小心地倒入储水桶,才不会溅洒出去、功亏一篑。

老师也借机教育礼让与付出的观念:"水,不只是让你一个人洗,还有其他弟弟妹妹,大家一起洗。"辛苦挑来的水,要分给别人共同使用,既培养同学的爱心,孩子也因此得到付出的欢喜。

手洗好了，则分享节约用水的方法："户外的小草、小花也会口渴，怎么办呢？我们可以一水多用，将洗过手的水用来浇花。"让小朋友们亲身体验，明白水资源得来不易，也能带给家人疼惜物命的想法。

多年前，几位曾任校长的慈济人代表慈济教师联谊会前往马来西亚参访。当地慈济幼儿园在园内开了家小店，让孩子体验如何当小店长、小厨师，几位校长也向我分享孩子如何从中学习生活的技能。

当有客人进门，孩子们拉开椅子，请客人就坐，一位系着领结、拿着记事本的小服务生随即问："请问客人需要些什么？"校长们原以为是扮家家酒，想不到是真的，厨房里还有小厨师切菜、洗菜，做汉堡、三明治。

校长们分坐好几桌,每桌都有人服务。一会儿之后,餐点就端到各桌。小服务生问校长们:"要不要教你们唱《供养歌》?"大家诚恳地回答:"好,请教我们。"在慈济的教育理念中,用早、午餐前唱《供养歌》,用晚餐前唱《感恩歌》,希望从中启发孩子对万物的感恩心,幼儿也不例外。于是孩子请众人合掌,一句一句教唱。

用过了餐点,小服务生来结账。他们有特制的菜单——若客人点了果汁,就在果汁处打勾,若不会写数字,就画上识别的记号。而且用的是真钞,不是玩具代币,借此可以认识货币。

后来老师问:"今天赚了多少钱?""赚了钱要做什么?"大家纷纷表示愿意捐出救助更需要的人。在游戏中,孩子学习如何做事,同时启发愿意布施助人的心。

一块好布料,若没有好的裁缝剪下第一刀,也做不出漂亮的衣服;人生也一样,从童蒙教育开始,就需慎重以对。

## 为人引航・回归正道

慈济不仅守护人们的清净本性,也陪伴、引导人们不离人生正轨。美国加州的圣地亚哥慈济联络处,每逢年节即与其他慈善团体合作,轮流照顾街友。轮到慈济人接待时,师兄师姊在会场中用花草、盆栽摆饰,令满室馨香,以"尊重的陪伴",为他们带来过节的气氛。

街友长期栖身街头,一年到头难得洗一次澡、剪一次头发、修一次胡须，每个人背后多少有一段故事。慈济人的温情呼唤让他们倍感尊重，愿意试着重新振作。例如其中有一位街友，剪去留了二十五年的头发、胡子，把自己打理干净。

有次，其他团体的志工来到慈济活动的会场，十分惊讶，因为许多街友形象焕然一新，让他们忍不住问："你们今天怎么如此整洁？"街友们说："这些慈济人以至诚之爱对待我们，我们尊重这个团体，所以整理仪容，表达内心的敬意。"

道理，虽然看不到、摸不着，但生活若偏离于此，难免混乱失序。凡夫心总有不平衡的时候，无论是狂躁或是忧郁的"差之毫厘"，恐怕都会让行为"失于千里"。所以，很希望能让佛法润渍人心，如清泉般调伏心灵的无明火起；人心调和，减缓造作恶业，万事万物也会随之调顺。

屏东慈济志工与教联会老师，定期到屏东监狱关怀受刑人。有的受刑人身上"刺龙刺凤"，缺乏端正的行仪，志工唯有加倍以爱心、耐心互动。一段日子过去，受刑人感受到慈济人的诚恳与尊重，渐渐愿意接受志工分享的善法，戒除不良习性，不再动辄口出恶言，放下以往"老大"的形象。

志工同时分享素食的好处，也有部分受刑人愿意响应。到了二〇一二年，屏东监狱已有人每日一餐素食，有人每周一天无肉日，而且愈来愈多的人加入。记得有一位受刑人说：打从慈济人关怀他们开始，他就每日一餐素食，他很感恩有机会接受慈济人的辅导关怀。

慈济人还在监狱内举办读书会，虽然受刑人在有形的监狱里失去自由，但借由读书潜移默化，不再陷入心灵的囚牢。他们从阅读《静思语》开始，分享因《静思语》而改变的人生故事。有的人用书法抄录《静思语》，有的人用橡皮擦制成刻章，用种种方法，将道理吸收入心。

从二〇一一年开始，我期待人人"法入心"，透过"法譬如水"经藏演绎，将深奥的佛法，通过音乐、唱诵、手语、戏剧方式呈现，让人们印象深刻，心领神会，愿意接受。

经藏演绎，并非只是艺术表演，重要的是树立精神理念。演绎前，参与者须斋戒茹素一百零八天，清净身心，表达虔诚恭敬，并且投入读书会共修，彼此分享读经心得以及对佛法的体会。

演绎者因为经过读书会的闻、思、修，演绎时唱诵歌词，自己即先听闻、深入法义。一段段的经文，犹如亲身经历体验，警惕自己要端正行为。此外，演绎团队为达到整齐之美，需调整个己。自己调好，还要配合别人，你调分、我调寸，互相调和，彼此感恩。所以经藏演绎不但可以启发别人，更是洗涤自心。

屏东监狱的受刑人同样研读《法譬如水》，了解佛教经典《水忏》的意涵，志工们进而鼓励他们借由手语、唱诵演绎经藏，从动作中体会忏悔的真意。经过多次排练，在二〇一二年七月，上台演绎当日，监狱全体人员斋戒一日，台上有三十位"同学"演绎，台下也有四百多人参与护法，场面庄严盛大，圆满了一场殊胜法会。

看到有些受刑人身处囹圄，依旧埋怨社会、家庭，不知反省，缺乏改过向善的决心，即使出狱，还是常常"回笼"。但是当这些受刑人因闻法持戒而改变不好的习性，行为举止充满道气，还在众人面前忏悔，发愿改过，令人感动。

有次我前往慈济屏东分会，听师兄师姊们分享。席间有一位二十多岁的年轻人，长得相貌堂堂，后来换他发言，说："感恩师姑将佛法与慈济精神带入监狱，让我接触、让我改变。"才知道他是更生人。

后来我问这位年轻人："你怎么年纪轻轻的就进了监狱？"原来他从小就接触毒品，多次进出监牢。几年前，慈济人以真诚的爱走入屏东监狱，感动了他，从此愿意接受善法，重新做人。

由于他在狱中表现良好，得以提前假释出狱。

但更生人谋生不易,所幸一位慈济师兄开的面包店为他提供工作机会,让他靠自己的力量赚钱孝敬父母,行有余力则捐款救助贫苦,彻底改变。

慈济走入社会,希望人人行于人生正轨;即使有人已经偏离方向,师兄师姊们仍锲而不舍,将他拉回正路,就如这位曾经迷惘的青年。只要我们肯用爱心、耐心、细心,用心走入人心,自然会接引更多人间菩萨加入利益人群的行列。

## 精进培训・雕塑菩萨

时时莫忘"为佛教,为众生"。是师父(上印下顺导师)对我的期许。但这六个字,该如何完成呢?细细思量后,认为"为佛教"首先必须提升佛教的形象,就从自己做起。既然已现出家相,就代表佛教;

人人都会认定我是佛教徒、出家人，所以要维持好自己的威仪。

一个人的内在精神，旁人无法一眼得知，但是通过言行举止的观察，却能一目了然。所以，我要把话说明白，说"让人听得懂"的佛法。道理听得懂，才能应用于生活中，并时时自我警惕，用心力行，承担"为佛教"的责任，表现出佛教徒的精神。

慈济人参加营队或回到精舍参与精进课程，都要遵守衣、食、住、行的礼节。用餐时，留意如何端碗持筷，一举一动庄严优雅；起床时，就是一个念头——折好棉被，房间整理干净，让外表亮丽，居室同样整洁；行进时二人成排，前面的人如何走，后面的人对准脚步，队伍就整齐有序。

参加培训、精进时所学的规矩，不能只在营队或课程期间才做到，要带回家，落实于日常生活中。学佛者应做人间的典范，希望能从慈济人做起，让世人认为"慈济是佛教团体，佛教徒就是那么有规矩"。

譬如有一块木材随意放置一旁，或许众人会将它推倒，坐在上头，或用来垫脚；倘若这块木材雕成佛像，一定是被人供起，恭敬礼拜。

同样一块木材，受到的待遇不同，是因为从"不成形"的木头变成"有形"的佛像。所以慈济人在言行中显露气质，展现有教育、有人文、有质量的信仰，使佛教为人敬重，这才是真正"为佛教"。

每年年底的"岁末祝福"，全球的新进委员、慈诚来到台湾地区受证,是慈济大家庭欢喜添丁的时刻。为了这一刻,每个国家、地区的慈济人都需要经过长时间的培训。

例如,非洲与台湾相隔万里,不过当地的精进、培训课程分毫不减;即便远在天边,仍紧紧跟随台湾慈济的脚步。他们唱起慈济功德会歌,用英文宣读慈济十戒;接着已受证的委员,身着旗袍,示范衣服怎么穿、走路如何走、如何端正站姿、坐姿,将这些一一用心传承。

当地志工肤色、体态与我们大不相同,但穿起慈济的制服,同样亮丽。由于文化差异,他们接受培训非常不易,光是学习端碗持筷就花费不少精神。为了锻炼威仪,坐如钟、立如松不知几个小时,最后展现的庄严仪态,真如一尊尊活菩萨。当他们来到台湾地区受证时，负责协助生活起居的志工说，虽然还有进步的空间，但人人一大早起来盥洗、换装、整理仪容，丝毫不输于我们的志工，走出寮房，还是与所有慈济人形象一致。

他们由衷地为人群付出，是"真"；不分人种、区域，克服困难，拔苦予乐，是"善"；形象和礼仪合齐，是"美"。众人合和互协、发挥大爱、以礼调和，成就团体的真善美。

## 有礼有爱·心富人生

非洲的慈济人与其他地方的慈济人有着同样的志向，身着同样的制服，自在地走过坎坷路。他们大多家境穷困，仍愿意出一分力肤慰贫病孤苦，靠双脚翻山越岭，照顾艾滋病患，发送生活物资；或是鼓励人人量力布施，滴水之善汇入功德海……证实了只要有心，没有做不到的事。

觉得自己很苦，其实是心不知足。与苦难人接触，见苦知福，即能解除"心"灵的"贫"困；知足则有余，能快乐付出，发挥爱的能量，丰富生命，造就人间的幸福与富足，此即"心"灵的财"富"。

二〇一三年，莫桑比克举办首次发放活动。当地师兄师姊希望能够亲自将物资送到人们手上，不过却困难重重。例如，当地天气酷热，如何布置场地，不让贫病孤老在烈日下久晒？又要如何维持秩序？为此，慈济人特地前往传承经验，从物资安排、路线规划及发放的礼仪等等，都一一分享。

他们将木条摆在地上，请发放志工站于一侧，引导领取物资的群众站于另一侧，不要跨越木条，依序领取。正式发放前，南非慈济人示范很多重点细节，当人们来到木条前时，志工要如何捧起物资，如何行礼说感恩，人人脸上要挂着微笑，声色要柔软……为了圆满发放，志工无不耐心学习。

果然，志工发放时放低姿态，和颜悦色，恭敬地递出物资，并向领取大米的人们虔诚祝福。现场每个人都弯腰鞠躬，面带笑容，还有一群志工搀扶行动不便的老人家，并为他们扛起物资，引领至阴凉处休息。倘若发放缺乏一份尊重，就只是"给"而无"礼"。看到志工弯腰奉上物资，人们同样鞠躬接过，会场既温馨又有秩序，这样的画面多美！

人的幸与不幸，在物质层面很难分别。福不在物质、名利，而在我们内心。有的人物资丰裕，却整日道苦,充满莫须有的担忧,实是"富中之贫";非洲慈济人大多贫穷,但是了解因缘果报的道理,随遇而安,好礼乐道,投入人群造福田,内心富有欢喜,实是"贫中之富"。

子贡问孔子:"贫而无谄,富而无骄,何如?"意思是虽然贫困,但不巴结、奉承别人;虽然富有,却不骄傲,请问夫子这样的行为如何呢?孔子回答:"可也,未若贫而乐,富而好礼者也。"贫困时不谄佞虽好,却不如穷得自在快乐,富有时能待人有礼、谦和尊重。

慈善志业的重点在于尊重,如何传达这分尊重,就是以敬以礼。"送物以礼,敬在诚意。"赠予照顾户或灾民物资时,这份诚意,是从打包的过程做起,"要把爱心包进去"。打包物资,一条毛巾,一支牙刷都有固定位置，须摆放整齐，若没有放好，以致打包后仍有松动，便重新再来。

发放的物资我们都要求质量精纯，以展现诚意。虽然不是价格不菲的名牌，但一定是生活中实用且需要的。在发送时，需表达至诚，这就是慈济重视的人文，也是数十年如一日的原则。

曾有一群研究人间佛教的学者，来到慈济大学参加研讨会。他们对慈济精神与慈济强调的"人文"有些不解，我的回答是，慈济不外爱与人文，不同于"文化"流行于某一特定时期，且不同地区有不同文化；"人文"是深植于心的道德观念，能让人以真诚的心发挥使命；"人文"是人格价值的精华，人人以最诚恳的心、无染的情相互对待；人们皆有共同的精神理念，同一方向，就能不分高低，发挥平等大爱。

为何慈济重视人文？现今社会，许多伦理道德被淡忘，人心多为"有一缺九"的欲望而浮动。人若偏离"理"，必定是烦恼难除；人与人之间，若少了"礼"，世间必然充满对立，小则家庭之内，中则国家社会，大则普天之下人人互相攻击。

所以我们重视人文，以"礼"字为先，希望从慈济人重视规矩，以静思法脉"克己"，严守戒律，克服欲念，举止端正，顾好己心，志为"觉有情"的人间菩萨；在慈济宗门"复礼"，四大志业不离人文，志于人品典范，文史流芳，作为安定社会的力量，而能导之以德，齐之以礼，引导人们重拾内心的礼仪道德，行于人生的正路。

尽管社会上，人们的生活背景不同，但是，若能以礼自我修持、彼此互动，衣食住行都存乎礼，在每个家庭落实，推广至社会，持续传承礼仪道德，人与人之间以爱联系，终将使民德归厚，社会祥和。人人有礼有爱，相信世间将更加美好。

摄影/李白士

**图书在版编目（CIP）数据**

有礼达理——人文素质的涵养 / 释证严著 . — 青岛：青岛出版社，2017.3
ISBN 978-7-5552-4633-6

Ⅰ.①有… Ⅱ.①释… Ⅲ.①礼仪 – 通俗读物 Ⅳ.① K891.26-49

中国版本图书馆 CIP 数据核字（2017）第 028312 号

原版权所有者：静思人文志业股份有限公司授权青岛出版社出版发行简体字版
山东省版权局著作权合同登记号　图字：15-2016-214

**有礼达理——人文素质的涵养**（原版）

封面"静思法脉丛书"题字为胡念祖先生
著作者：释证严
总编辑：释德侃
丛书策划：翁培玲、黄美之、沈凯庭、许菱窈
责任编辑：翁培玲、苏伟然、叶柏弈
美术设计：蔡淑婉
封面摄影：潘玉玺
摄影协力：陈友朋、李白士、潘玉玺、古亭河、林敬顺、
　　　　　蔡中钦、余永清、林玉珍
篆刻协力：陈胜德

| 书　　名 | 有礼达理——人文素质的涵养 |
|---|---|
| 著　　者 | 释证严 |
| 出版发行 | 青岛出版社（青岛市海尔路 182 号，266061） |
| 本社网址 | http://www.qdpub.com |
| 邮购电话 | 0532-68068091 |
| 责任编辑 | 刘克东 |
| 特约编辑 | 薛　娟 |
| 封面设计 | 祝玉华 |
| 版式设计 | 可视文化 |
| 照　　排 | 青岛佳文文化传播有限公司 |
| 印　　刷 | 青岛乐喜力科技发展有限公司 |
| 出版日期 | 2017 年 4 月第 1 版　2022 年 3 月第 3 次印刷 |
| 开　　本 | 32 开（890mm×1240mm） |
| 印　　张 | 7.5 |
| 插　　页 | 8 |
| 字　　数 | 200 千 |
| 书　　号 | ISBN 978-7-5552-4633-6 |
| 定　　价 | 36.80 元 |

编校印装质量、盗版监督服务电话：4006532017　0532-68068050